파랑새 창공을 날다

파랑새
창공을 날다

석암해광 石庵海光

도서출판 도반

글을 쓰면서

파랑새!

나의 인생은 새 한 마리에 의해서 바뀌었다고 생각한다. 어릴 적 크면서 닮고자 하는 위인전 인물도 없었고, 청년 시절에도 친구들이 너무 좋아서 가족의 사랑과 소중함도 모르는 배은망덕한 인간이었다. 그저 철없는 애늙은이였다. 세상의 고통을 다 짊어진 것만 같은 의외의 노숙함이랄까! 어렸지만, 나의 내면에는 무언의 갈증과 목마름이 있었다.

사람의 인생은 집과 떨어져 살아야 달라질 수 있는 확률이 높다. 내가 출가하지 않고 세속에 머물렀다면 나는 절대로 변화하지 않았을 것이다. 그저 평범한 남자의 생활을 하고, 원대한 꿈을 잊고, 지나간 세월을 회한에 젖어 후회의 눈물을 훔칠 수도 있었을 것이다.

평범한 생활이 더 어렵다고 하지만, 출가란 세속의 울타리를 넘어서서 허공에 마음을 두고, 망망대해의

창고에서 보물을 나의 것으로 만드는 일이다. 적어도 나는 이렇게 생각한다.

관세음보살이란, 모든 성인 중에 가장 걸출하고 위대한 이름에, 나는 매료되어 진한 사랑에 빠지게 되었으니, 지금 나를 있게 해 준, 닮고 싶은, 모습 없는 진짜 부처였다.

관세음보살에 사랑을 느끼게 된 후 나는 파랑새를 목격하였다. 바로 관음조이다. 관세음보살의 후신. 빛과 소리의 근원. 생명의 참다운 모습이었다.

파랑새는 단비의 달콤함으로 내면의 갈증과 목마름을 그리고 그동안 키워왔던 업장의 쓰고 거친 호흡을 씻겨주었다. 이러한 상황이 반복되다 보니 그전과는 다른 사람으로 되어가고 있는 것 같았다. 진화형 인간, 앞으로의 세상은 이 진화형 인간이 이끌어 갈 것이다.

자비심을 가지고 싶은, 주체적이고, 세상을 위해 무엇을 하고 싶은 충동의 발로, 포기하지 않는 자세. 고차원적인 안목.

아직도 나는 진화하고 있다. 정확히 말해서 진화의 길을 걷고 싶다. 완성되지 않는 진화. 완성되면 나는 이 세상을 떠나야 한다. 이것이 관세음보살과 나의 약속이다. 이 세상을 떠난 뒤 나는 영원히 당신을 따라 노니며, 모든 이들을 위하는 삶을 살 것이다.

나는 관음조를 목격하고서도 오랫동안 많이 힘들었다. 수행자의 넋두리였을지 모르지만, 그전의 생활보다 큰 고통과 수많은 고난이 찾아왔다. 그렇지만 그 일들을 고통과 고난으로 곧이곧대로 받아들이지는 않았다. 완성을 향해 나가는 수행자의 기나긴 여정 속의 노잣돈이라 생각한 적도 있었다. 그 순간뿐이었다. 나에게 새로운 인생을 가져다준 파랑새도 잊고 산다.

나는 창공을 날고 싶다. 비상하는 파랑새가 되고 싶다. 허공을 향해 지저귀는 쩌렁쩌렁 울림이 있는 생명의 파랑새. 감동을 주는 파랑새.

이 세계에 불법을 전하고 싶고, 허공의 참모습을 알리는 부처님의 지혜와 모든 이들을 사랑하고 아우르는 관세음보살의 마음을 전하고 싶다.

결국 내가 본 파랑새는 나의 모습이기 때문이다.

지금 이 자리에서 세상 사람들에게 전하고 싶은 말이 있다면 나는 단연코 이런 말을 하고 싶다.

가장 친절한 한마디.

모든 것이 들어있는 핵심.

절대로 손해 보지 않는 인생.

철없는 인간이 철이 드는 순간이다.

돌이가 그래왔듯이…….

마음을 보십시오.

사명산에서 어느 날...

차례

제1장

하산

토굴

청산림靑山林 깊은 골에 일간토굴一間土窟 지어놓고
송문松門을 반개半開하고 석경石徑에 배회俳徊하니
녹양춘삼월하錄楊春三月下에 춘풍春風이 건듯 불어
정전庭前에 백종화百種花 처처에 피었는데
풍경風景도 좋거니와 물색物色이 더욱 좋다.
그중에 무슨 일이 세상에 최귀最貴한고.
일편무위진묘향一片無爲眞妙香을 옥로중玉爐中에
꽂아두고
적적寂寂한 명창하明窓下에 묵묵히 홀로 앉아
십년十年을 기한정 하고 일대사一大事를 궁구하니
종전에 모르던 일 금일에야 알았구나.

나옹선사 토굴가

토굴을 묻고 홀로 용맹정진하며 사는 것은 수행자가 제일 하고픈 바람이다. 그러나 토굴 생활의 인연은 쉽게 다가오지 않는다. 오래전 혼자 치열하게 정진하고픈 마음이 생겨, 토굴 생활을 하고 싶다는 간절한 기도를 올렸다. 그렇지만 그 기도는 이루어지지 않았다. 그래서 의기소침해진 적이 있었다.

토굴에서 홀로 정진하는 것은 어렵다. 온몸과 마음을 던질 각오로 정진에 임해야 하므로, 수행의 내공이 있어야 가능한 일이다. 대중과의 시비를 버리고 토굴에 앉아 정진하여 큰 힘을 얻은 선지식들은 많다. 그러나 무턱대고 밀어붙였다가는 몸에 병이 오고 마음이 상하기 십상이다.

그 당시 나는 마지막 한 관문만 남은 것으로 판단하였다. 그래서 마지막 공부를 위해 목숨을 던질 각오로 토굴 터를 구하기 위해 전국을 돌아다닌 적이 있었다. 지금이야 제방의 정보도 있고, 토굴을 얻는 방법도 알지만, 그 당시 삼십대 초반의 젊은 나이였다.

토굴을 얻을 방법을 몰랐다. 아니 아직은 토굴 생활

이 너무 이른 일인가도 모른다. 무작정 나섰다. 이때부터 연고도 없는 맨땅에 헤딩을 잘한 것 같다. 육지를 돌아다니고, 제주도, 울릉도까지 찾아다녔다. 나만의 토굴이 그려졌다. 하지만 그에 부합된 자리는 보이지 않았다.

돌아다니다 한 선원의 선원장 스님에게 붙잡혔다. 그 당시엔 백일기도를 마친 때라 몸도 마르고 얼굴도 맑았다. 거기에다 흰 모자까지 쓰고 다녔으니….... 스님의 말에 따르면 나의 모습을 보고 신심이 났다고 하였다. 강하게 나를 붙잡았다. 아직 수행을 더 해야 한다고 거절을 해야 했는데 강하게 뿌리치지 못한 것이 아쉬움으로 남는다. 그렇게 해서 선원의 원주 소임을 보게 됐다.

그전에 했던 것처럼 법당에서 예불을 보고 기도하고, 기도가 끝나면 공양주가 없어서 공양간에 나가 대중의 공양을 지었다. 공양을 마치면 종무소에서 사무를 보고, 대중의 시봉을 들었다. 그동안 닦은 수행의 힘으로, 신심으로 무사히 해내고 마칠 수 있었다.

젊은 스님이 힘들다, 어렵다는 말도 없이 여러 일을 말썽 없이 해나가니, 기특도 하고 조금은 샘을 냈던 거로 생각을 한다. '쉴 줄 안다.'라며 사람을 닦달하며 박박 긁고, 나의 근기를 시험하고 떠보니, 더는 수행을 숨기기도 힘들고 해서 바랑을 짊어지고 줄행랑을 쳤다.

선원에서 나온 후 다시 정처 없이 돌아다니다가 드디어 고향 근처에서 토굴 자리가 눈에 들어왔다. 개울이 흐르고 병풍바위의 기세가 하늘을 찌르고 있는 곳이다. 더욱이 그곳엔 흑의黑衣 부처님이 계신다. 신심이 저절로 났다.

앞은 시원하게 터져 있으면서 산이 막고 있었고, 하늘은 청명하여 높이 떠 있는 것처럼 보였다. 무엇보다 밖에서 바라보면 깊기도 하고, 산림이 우거져 이쪽에 무엇이 있는지 모르는 형세였다.

'옳지 여기다.'

수중엔 토굴 지을 돈 한 푼 없어, 지인을 찾아가 말씀드렸더니, 조금 시간을 달라고 한다. 몇 달이 흘러

손수 토굴을 짓게 되었다. 지인이 지도 감독하고, 나는 힘든 일과 허드렛일을 도맡아 했다. 삼백 미터나 되는 길을 구들장을 짊어지고 날랐고, 스레트 지붕, 시멘트, 모레, 황토, 찰흙, 나무 등을 어깨에 메고, 이고, 손수레를 끌면서 날랐다.

어떤 날엔 공사를 하는 것이 지치고 힘들었지만, 시간이 지나니 이 일도 할 만했다. 아침에 큰길에서 토굴 짓는 곳으로 들어오는 길을 걷노라면 마음이 뿌듯하니 그렇게 좋을 수가 없었다. 하늘도 날 바라보고 있는 것 같아 더욱 청명함을 느꼈다.

바로 이것이다. 자신이 하고 싶고 바라는 일을 할 땐, 비록 힘들더라도 즐겁다. 돈이 없더라도 행복하고, 유명하지 않더라도 자기 자신이 스스로 위로가 되는 것이다. 극도의 외로움은 떠나가고, 고통과 죽음도 친구가 되어 최고가 되는 것이다.

맑은 하늘을 보고 흥얼거리기도 하며, 관세음보살을 즉흥적으로 작사 작곡을 하며 노래를 지어 부르기도 하였다.

많은 부분을 거사님이 지도했다. 그중에서 구들장과 아궁이 놓는 일은 기술이 필요하고, 가장 힘든 공정이었다. 지금은 구들장도 불 때는 아궁이도 대부분 없지만, 1990년대 당시만 해도 시골에서는 구들장을 놓아 불을 때기도 하였다.

황토 진흙을 짚과 물을 섞어서 바르는 공사는 손으로만 하여야 했다. 요즘과 달리 기계 공구가 없었다. 무거운 진흙 덩어리를 손으로 짓이기고 바르고 옮기고 하는 일은 손가락 관절에 무리가 왔다. 마디마디가 아파서 고생했다. 구들장과 아궁이를 만들고 나서, 도배하고, 방바닥에 장판을 까니 드디어 토굴이 완성되었다. 눈물이 흘러내리는 벅찬 가슴을 느꼈다.

짐을 옮기고, 첫날밤을 지냈다. 고요한 곳에 누우니 이 세상에서 내가 제일 행복한 것 같았다. 콩 농사를 짓고, 고추를 기르느라 낮에는 일했다. 새벽과 밤에는 정진하였다. 짬짬이 시간이 나면 경전 독송과 염불을 하였다.

몇 달의 시간이 지나 거울을 보니 농사 짓는 수행자

의 모습이 갖추어졌다. 정말 행복했다. 나의 진정한 행복을 누가 시샘이라도 했는가. 그만 땅 주인이 비워 달라는 말에, 사정도 해보았지만 들어주지 않으니 다시 바랑을 짊어지고 전국을 돌아다녔다. 바랑 안에 잘생긴 목탁 하나 집어넣고.

동가식 서가숙

토굴에서 나와 관음진신觀音眞身을 친견하겠다며 세상을 내 집처럼 돌아다닌 적이 있다. 이것도 팔자려니 하며, 순응하는 마음을 가지고 이 절 저 절 다니며 기도를 올리고, 나올 때는 여비를 받아서 다음 목적지를 정했다. 여비가 없을 때는 발품을 팔아 객실을 얻어 잠을 청하고 공양을 얻어먹고 다니는 가난한 스님이었다.

가난했지만 마음엔 태양을 품었고, 걸음걸이는 힘차고 가벼웠다. 해보고 싶은 것이 있었기 때문이다. 관세음보살의 진신을 친견하는 것은 나의 오랜 전생에서부터 시작된 바람인 것 같다. 그 생각만 해도 기쁨이 넘치고 짜릿했다. 그 간절한 마음이 출가해서도 떠도는 수행자로 만드는 것 같았다.

바랑엔 항상 목탁을 넣고 다니면서 탁발을 할 때도 있고, 고요한 곳에 머물 때는 목탁을 치며 기도를 올리기도 하였다.

땅거미가 지고 어둠이 짙게 깔릴 무렵 야산에 들어가 피곤한 몸을 쉬고 싶었다. 큰길을 벗어나 오솔길을 걷는데 집이 있었던지, 개 한 마리가 어둠에 짓눌리는 발걸음을 향해 힘차게 짖어댔다.

나는 개를 안정시켜 준다고 "아가야, 스님이야!" 하면서 머리를 쓰다듬어 주려고 하는데 개가 놀랐는지 더 큰 소리로 짖는 것이다. 그렇게 잠깐 시간이 흘렀을까! 등짝이 묵직하다는 것을 느끼는 순간 옆에 건장한 남자 어른이 몽둥이를 들고 있는 것이 아닌가! 몽둥이로 맞았지만 크게 아프지는 않았다. 솜방망이로 맞은 느낌이었다.

"나쁜 사람이 아니에요. 저는 스님이에요."

나의 말에 건장한 남자는 어둠 속에서 빤히 쳐다보더니

"아이고! 스님이네! 이를 어쩐다."

나를 집안으로 데려가더니 커피를 한잔 타 주었다. 나이가 60세쯤 보였다. 이것저것을 물어본다. 떠돌아다니며 수행하는 스님이라는 것을 알고 여기에 머물러 달라는 것이다. 마땅히 갈 곳이 정해져 있는 곳도 없고, 나는 그러겠다고 대답을 했다.

아침 공양을 먹으라는 전갈에 밖으로 나가 그곳의 풍광을 봤다. 저 멀리 바다도 보이는 것 같았다. 깊은 산은 아니고 큰길가 옆에 붙어 있는 산이었다. 공기는 상쾌했다. 아침 새들이 힘차게 지저귄다. 영업집 같았다. 아침을 먹고 나니 엊저녁에 본 분이 다시 제안한다.

"이곳엔 토굴 지을 곳이 많아요."

나는 귀가 솔깃했다.

"이 산에 목탁 치는 소리가 나면 좋을 것 같습니다."

아침 공양을 하고 난 뒤 산을 둘러보았다. 정말 토굴 지을 자리만큼 터를 닦아놓은 곳이 여러 군데 있었다. 좋은 자리도 눈에 띄었다. 닭을 키우는 곳도 있고, 소나무 분재를 만드는 곳도 있었다.

이곳에 눌러 살까? 여러 생각이 들었다. 며칠 머물면서 생각을 정리하기로 했다. 나를 믿는 건지, 불쌍하게 보는 건지, 식구들과 외출도 같이했다. 내외가 모두 좋은 분 같았다. 사람 냄새 나는 진국 같았다. 젊어서 엄청나게 고생했다는 이야기도 들었고, 결혼해서 조금 나아졌다며 한숨을 짓곤 했다.

　며칠을 머물면서 생각을 하다가 이곳은 내가 머물 곳이 아니라는 결론을 내렸다. 이유는 없었다. 직감이 그랬다. 나에게 참 잘 대해 주셨는데, 때 되면 밥도 차려주고, 먹을 것도 내어주고, 요즘처럼 인정이 없는 시대에 생각하면 정말 의인이며 정감이 넘치는 분이었다. 어쩌면 나는 지지리도 복이 없는 사람일 수도 있다.

　이런 분들을 떠나기가 아쉬웠지만, 정말 그동안 고맙다고 인사를 드렸다. 여비도 조금 쥐여주시는 것이 아닌가. 사양하니 억지로 주머니에 찔러주셨다. 인정이 넘치는 분들을 뒤로하고 나는 내 갈 길을 걸어갔다.

　한참 걸으니 목이 말랐다. 마침 눈앞에 초등학교가 있고, 밖에 수도가 보이길래 염치불구하고 들어가 물을 실컷 마셨다. 그런데 교실에서 크게 떠드는 소리가 났다. 용기인지 객기인지 모르지만 나는 그 교실로 들어갔다.

1, 2학년 아이들처럼 보였다. 아이들이 작았다. 나는 들어가서 손가락으로 입을 막으면서 조용히 하라고 했다. 아마도 쉬는 시간이었는지 모른다. 아이들이 조금 놀라는 눈치였다. 그 순간 아이들의 눈이 모두 나에게 쏠렸다. 새까만 눈동자를 반짝이며, 누구냐는 그 호기심에 찬 눈초리, 놀라는 표정. 아직도 그들의 눈이 기억에서 떠나지 않는다.

그중에 한 아이가 누구냐고 물었다.

"안녕하세요. 나는 스님이에요."

"스님이 뭐예요?"

'부처님 공부하는 사람'이라고 말한 것 같았다.

그러는 사이에 선생님이 들어오셨다. 여자 선생님이었는데 나를 보는 순간 놀란 눈치였다. 그러나 누구냐고 물어보지는 않았다. 가벼운 목례로 인사를 드리고 학교를 나와 정처 없는 발걸음을 옮기며 걷고 또 걸었다.

수행승

 어둠이 채 가시지 않은 새벽 시장이었다. 인적은 없고, 여린 어둠 속에 감춰진 고요함이 나의 눈으로 시리게 다가왔다. 시선을 돌려 주위를 바라보니 여기저기 지저분한 오물이 바닥에 달라붙어 있다. 아직도 밤새도록 술을 퍼마신 사람의 그림자가 누워 있는 것만 같고 그 냄새에 얼굴을 찌푸렸다.

 그 고요함의 세력이 얼마나 강했던지, 검정고양이의 무섭고 차가운 눈초리에 기가 질린 생쥐처럼 오싹함을 느꼈다. 바닥에 뒹구는 오물은 새까만 제비나비가 바닥에 달라붙어 물을 빠는 것처럼 보였다.

 숨죽였던 고요함이 눈을 뜨니, 주위의 어두운 기운의 반전이 일어나기 시작했다. 새벽이 밝아와 모든 것에 생명의 힘을 주는 것이다. 여명에 창공은 다시 살아나고, 시장 안의 건물도 활기차게 다시 일어나며, 자신만의 엄숙함을 표현하고 있었다.

누구도 반기지 않고 기다리지 않는, 어쩌면 대본에
도 없는 시장 골목길을 미끄러지듯 굴러가듯, 나의 의
지가 아닌 채로, 그렇다고 누구에게 억지로 끌려가는
것도 아니었다. 신에 포섭된 좀비도 아닌 것 같았다.
그러나 무언가가 나를 이끌어 가고 있었다.

'참! 오지랖도 넓지. 이런 곳을 뭐하러 돌아다니나.'

무안해진 자신에게 던진 한마디였다. 순간 상쾌한
발걸음이 원망의 발걸음으로 바뀌었다. 밤새 걸어다
닌 뼈아픈 발바닥의 아픔에 위로를 건네자 정처 없이
떠도는 승냥이같은 야생성이 살아났다. '절이 싫으면
중이 떠난다'는 마음아픈 표정. 동자개가 몸을 비틀며
내는 '빠가 빠가' 하는 소리의, 고독하고 처절한 울음
소리가 마음속에서 샘솟듯이 올라오는 것 같았다.
그런가 하면 내면에서는 맑은 미소가 온몸으로 퍼져,
적당히 술 마신 듯 기분이 즐겁고 정신은 또렷했다. 골
목길 어느 한 집, 대문이 열린 집으로 들어가고 있었

다. 작고 초라한 마당에는 잡초가 수북이 돋아나 있었다. 초대받지 않은 불청객의 발걸음에 놀라. 작은 개구리 한 마리가 있는 힘을 다해 펄쩍 뛰어올라, 집으로 들어오는 이를 경계하며 이내 자취를 감춰버렸다.

마당을 지나 집안에 발을 디디면 부엌이고, 부엌을 통해야만 방으로 들어갈 수 있었다. 집은 옛날에 젊은 사람들이 혼자 자취하는 방처럼 작고 오래되어 낡아 보였다. 아궁이에 놓인 양은솥이 멋쩍은 주위를 더욱 초라하게 만들었다. 이런 상황을 인지한 순간, 심한 냄새가 코를 강하게 자극하며 얼굴에 오만상이 그려졌다.

오랜 시간 오줌이 절은 냄새. 뜨거운 여름날 수분이 다 날아간 뒤에도 위세당당한 지린내의 파괴력이다. 코로 들어간 냄새는 후각신경세포로 변해 뇌를 타고 올라가 측두엽을 때리고, 마음속에서는 감정의 회로 세포에 연결되어 얼굴이 찌푸려졌다. 찌푸린 얼굴은 입을 자극하여 긴 한숨과 푸념을 내뱉게 하였다.

어 휴~~

부엌 한쪽에 널브러진 회색 계란판에 구멍이 나고 몸통이 잘린 달걀껍데기가 소복이 쌓여 있다. 방문은 반쯤 열려 있다. 열려 있는 문틈으로 요 위에 누워있는 노인의 모습이 보였다. 팔십 대 노인 같다. 머리와 수염은 희고, 눈은 횅하니 들어가고 눈꺼풀이 심하게 껴 있었다. 몸은 바짝 말라 앙상한 뼈만 있는 듯하다. 상할아버지였다. 노인은 초라해 보여서, 불쌍하고 측은한 마음에 눈안개가 앞을 가렸다.

지금까지 달걀을 먹으며 생명을 유지해온 것 같았다. 사연은 몰랐다. 뒤죽박죽 뒤섞인 인생의 차갑고 서러운 쇠사슬이 엮인 악연처럼 느껴졌다. 흰 수염이 드문드문 난 노인이 나를 보더니 일어나 앉았다. 힘이 없어 보였다.

"왜 이렇게 혼자 누워 계시는 거예요?"

노인은 나지막이 말을 꺼냈다.

"며느리가 나를 여기다가 갖다 놓았어. 며느리가 시아버지를 버린 것인가. 날달걀만을 먹고 살라고 달걀 한 판을 넣어주고⋯⋯. 모르겠다."

노인은 정신질환의 문제는 없어 보였다. 치매도 아닌 것 같았다. 가족 간의 깊은 사연을 낯선 누가 안단 말인가. 가족은 육체와 정신, 피와 영혼이 어울려진 혈흔 관계에서, 복잡하지만 어느 면에서는 단순하기 짝이 없다. 어느 때는 자잘못을 가리지 않는다. 우리 가족. 도덕과 상식이 이끌어가는 사회이지만 가족은 도덕과 상식을 무너뜨리는 점도 있다. 하지만 점점 가족의 구성원도 변해가고 있다. 개인의 이익과 행복을 위해선 다른 가족의 희생을 강요하고 있다. 그만큼 단순하면서도 복잡한 관계들이다.

정이 떨어지면 말 한마디에 원수처럼 생각할 수도 있고, 말 한마디에 그동안 쌓아왔던 앙금들이 눈 녹듯이 자취를 감출 수도 있다. 부모와 자식 사이는 더욱 그렇다. 모질지만 자식 앞에서는 목숨도 줄 수 있는 것이 부모의 마음이다. 그러나 자식은 그렇지 않다. 더 받고 싶은 것이 자식의 마음이다.

자식에게 올인하는 부모는 재산과 마음을 잃을 가능성이 크다. 부모는 자식을 생각하기에 많은 것을 주어도 아깝지 않지만, 때론 먼지 하나 주고 싶지 않을 때도 있다. 끈끈한 정의 관계. 정이 무너지면 급속도로 냉랭해진다. 이것이 가족의 관계이다. 하지만 피가 섞여 끌리는 무언가가 있다.

그래서 성현은 사랑으로 가족을 대하라 하지 않았는가. 집착이 아닌 사랑. 내 소유물이 아닌 개인의 인격을 인정하고 존중하는 사랑. 칭찬과 비판이 함께 하여 훌륭한 성장판이 이루어진 인격의 완성을 이룬다. 허나 사람들은 집착에서 자유스럽지 못하다. 명상을 꾸준히 이어나가 나쁜 것들을 내려놓고 좋은 습관을 꾸준히 실천한다면 가능할 수는 있다. 좋은 습관이란 맑은 마음, 밝은 마음을 가지는 것이다.

노인은 고기가 먹고 싶다고 하였다. 난감했다. 이젠 이른 아침이 돼버린 시간이다. 어디서 고기를 구할 것인가. 스님이 이른 아침에 고기를 사러 다니는 일이 맞는 일인가. 더욱이 수중엔 돈도 없었다. 답답함이 밀려왔다. 노인을 놔두고 떠날 수도 있었다.

'돌아! 할 거냐 말 거냐?'

갈림길의 문턱에 서 있었다. 짧은 시간이지만 애를
써 고민을 하니 문득 신라시대의 대안 대사와 원효 대
사의 일화가 떠올랐다.

어느 날 원효 스님이 대안 대사를 만났는데, 어미
잃은 너구리 몇 마리를 들고 있었다. 대안 대사는 마
을에 들어가 젖을 얻어 올 테니 새끼를 보살펴 달라
고 부탁했다. 그런데 얼마 안 돼 새끼 두 마리가 굶주
려 죽었다. 원효 스님은 너구리가 극락왕생하라고 『아
미타경』을 읽어주었다. 그때 대안 대사가 돌아와 원효
스님에게 무엇을 하느냐고 물었다.

"이놈의 영혼이라도 왕생하라고 경을 읽는 중입니
다."

"너구리가 그 경전을 알아듣겠소?"

"너구리가 알아들을 경전이 따로 있습니까?"

대안대사는 얼른 너구리 새끼에게 젖을 먹이며 말했
다.

"이것이 너구리가 알아듣는 『아미타경』입니다."

주는 자의 마음이 청정하고 받는 자의 마음도 청정
하면 주고 받은 물질은 법(진리)이 될 수 있다. 대안
대사는 보살의 마음을 품은 자이고 너구리 새끼들은
천진한 동자들이다. 젖에는 생명을 키우고 유지하는
영양분만 녹아있는 것이 아니라, 따뜻한 자비와 지혜
의 진리가 녹아들어 있는 것이다.

죽어가는 자는 살려야 한다. 그것이 우선이다. 생명
을 살려내기 위해서 내 목숨이 붙어 있다는 생각이 들
었다. 나는 시장으로 뛰쳐나왔다. 이른 아침에 문을
연 가게는 없었다. 여기저기 정신없이 고깃집을 찾아
다닌 것 같았다.

오랜 시간을 헤맨 숨소리 거친 스님에게 24시간 문
을 연 감자탕집이 눈에 들어왔다. 밖에 솥을 걸어놓고
푹 삶아내는 감자탕에서 고기 냄새가 풍겼다. 무작정
들어가 사정 이야기를 했다. 창피하지는 않았다.

죽어가는 노인이 있다. 그 노인이 고기를 먹고 싶어

한다. 나는 돈이 없다….... 주인은 나를 빼꼼이 쳐다보더니 주저하지 않고 플라스틱 그릇에 고기 뼈를 담아 주었다. 고마운 분이다. 사람이 좋아 덕스럽게 보였다. 그것을 받아들고 노인에게 달려가 고기를 발라서 떠먹여 드렸다. 노인은 잘 받아 드셨다. 그리곤 다시 누웠다. 나는 한편에 버려진 더러운 걸레를 빨아 방을 닦고 나서 인사를 드리고 나왔다.

나는 지금까지 믿고 의지할 스승이 없었다. 일정하게 가르침을 받는 스승이 없었다. 스승을 가리는 눈이 높을 수 있다. 고집이 세서 그럴 수도 있다. 아니면 전생 영혼의 그림자의 영향이 컸을지도 모른다. 그래서인지 정처 없이 떠돌며 수행하는 외롭고 고독한 나그네의 설움을 많이 느꼈다. 그 당시에는 매우 애처롭고 힘들었지만, 때때로 이런 상황들이 나의 수행을 더욱 강하고 바르게 완성하려는 계기가 됐을 것이다.

모든 것을 다 가질 수는 없잖은가. 그 또한 욕심이 아니겠는가! 그 당시 나의 간절한 심정은 오직 깨달음에 목적이 있었다. 무슨 결단을 한 전사 같았다. 홀로 전쟁터에 나가 싸우는 병사. 죽음을 코앞에 둔 맹수였을까. 나의 존재를 아무도 알아주지 않는, 그 고독에 정신이 나갔는지도 모른다. 처량하기까지 했었다. 그렇게 갈망했지만, 오직 그 길을 따라 걸어가고 싶었지만, 길을 몰라 아직은 미숙한 존재였다.

전생에 이 길을 걸었던 자가 아니었다면 나는 깨달음의 길을 멈췄을지도 모른다. 정말 고독하고 외로웠다. 그 고독함을 어떻게도 표현할 수가 없었다. 이 세상에 홀로 남겨진 나. 나그네의 한이 사무친 설움을 맛보아야 했다. 장돌뱅이 약장수처럼 큰 바랑을 짊어지며 걸음걸음마다 한을 쌓아나가고, 내공을 훔쳐나갔다.

아무에게도 관심을 받지 못하는 불쌍하고 나약한 사람. 그런 사람을 이용하고 부려 먹으려는 나쁜 사람들이 벽을 친 장애뿐이었다. 그렇지만 외롭고 고독한 수행자의 마음은 수행에 큰 밑거름을 삼아 성장하는 인연이 되어주었다.

노인과의 인연으로 나는 세상 밖으로 나오게 됐다.

멋지고 아름다운 퍼포먼스는 아니었다. 박수를 받아 반기는 기분은 전혀 없었다. 쓸쓸하고 초라했지만, 세상에 부처님의 마음과 진리를 펼친다는 생각으로, 그 드러나지 않는 빛을 갈망하며 애처로운 듯 흐린 날씨에 몸과 마음을 그려내야 했다.

제2장

천일기도

학인 시절

불교를 펼칠 마음…….

수행을 권선하는 포교당 개원 준비를 해야 했다. 산에서 내려온 이유가 포교하기 위해서다. 도심에서 포교를 하기 위해서는 절차를 밟아야 했다. 비구계이다. 비구계를 받아야 종단의 정식 스님이 되는 것이다. 성인이 되었다는 표시이다.

나이가 차면 주민증을 받듯이 처음엔 행자 시절을 거쳐 사미계를 받고 소정의 교육을 이수하여 비구계를 받아야만 한다. 그래야만 종단의 의무와 권리를 부여받게 된다. 비구와 사미는 하늘과 땅의 차이다. 차별이 없는 세상을 원하여 출가했지만 승납 연수의 구분은 무시할 수 없었다. 요즘은 각급 승가고시가 있지만, 비구계는 정식 스님이 되려면 받아야 할 관문이다.

나는 떠돌며 수행했기에 승납은 찼지만, 비구계를

받지 않았다. 한때 같은 방에서 지내는 비구 스님의 마음씀이 싫었고, 남을 괴롭히는 행동이 실망감만 가지게 했다. 어른은 먼저 모범을 보여야 한다. 그래야 존경을 받고 선망의 대상이 된다. 그 당시 짧은 소견으로 보아도, 이건 아니다 싶었다.

비구계는 받지 않고 평생 수행에만 몰두하며 살려고 다짐을 했다. 크게 불편한 것은 없었다. 마음만은 편했다. 그러나 제도권 내에서 살려면, 자그마한 권리를 받으려면 비구계는 받아야 했다.

암자에서 소임을 보고 받은 보시금으로 중앙승가대학교에 입학했다. 중앙승가대학교는 현대에 필요한 교육과 전통교육을 겸비한, 오늘의 선지식을 배출하는 스님들만의 대학교이다. 그동안의 수행을 스스로 점검하고 교학을 체계적으로 배워나갔다. 학교생활과 수행관의 대중생활을 겸하면서 다시 한번 마음을 자세히 살펴보는 계기로 삼았다.

1~2학년 때에는 대방생활을 하였다. 처음 만나는 도반들이라 사이가 좋았다. 1학년 때에는 대방에서 습

의 시간이 많다. 학교에서나 절집에서 생활하는 규범을 배우는 것이다. 습의를 마치고 쉬는 시간이면 지대방으로 들어가 차담을 하며 담소를 나누는 것이 기억에 남는다. 모두 순수했던 학인 시절이었다. 눈이 많이 내린 한겨울에 도반들과 학교 교정에 나가 사진을 찍은 좋은 추억도 자리잡고 있다.

3~4학년 땐 전공 공부하는 시기라 대방 대신 개인방을 쓴다. 학업을 열심히 하는 스님, 수행을 열심히 하는 스님, 미래의 진로를 걱정하는 스님들. 순수하던 시절이 지나고 큰스님 흉내를 내는 때이다. 학인들의 선망이기도 하고, 학인 중에 어른 스님이기도 하다. 정치적인 성향이 강한 학인 스님도 있다.

지금 그때를 돌이켜 생각해 보면, 도반 스님들께 모나지 않게 잘해주고 싶어서 둥글게 살았다. 그런 마음으로 도반을 대했다고 생각한다. 특히 도반을 대했을 땐 돈을 아끼지 않은 것 같다. 학인 시절이라 용돈이 넉넉하지 않더라도 만나면 공양을 사주었다. 소소한 것이라도 부딪치지 않으려고 마음썼던 기억이 난다.

그중에 부선 스님은 늦게 출가한 늦깎이다. 나보다 연배가 십여 년 많지만, 마음을 같이했다. 스님은 소심한 면도 있지만 검소하고 착했다. 대중에게 절대로 피해를 주지 않으려는 마음가짐이었다.

성품이 소박하여 서민이 이용하는 것들을 좋아했다. 밖에서 공양 드시는 것을 싫어했지만, 외딴 시골 마을을 지나다가 막걸릿집에서 부침개를 시켜놓고, 오랜 시간 이야기를 나눈 적도 있었다. 이런 일들이 정치적인 성향으로 변했는지는 몰라도 대중의 추대로 학생회장의 소임을 맡게 되었다.

학생회장 소임 때 제일 먼저 자신의 인감도장을 찍어주고 항상 나를 응원해주신 윤성 스님. 2년간 같은 방을 써온 성도 스님. 공부를 열심히 해서 박사학위를 딴 혜력 스님. 나이가 같아 친해진 명일 스님. 처음 학교에 들어와 친하게 지냈던 혜일 스님과 해인 스님. 소임을 볼 때 도와주신 우담 스님. 그밖에 대방에서 지내던 모든 스님이 그리워지고 보고 싶다.

그렇지만 스님들과 처음으로 동행하는 대중생활은

어려움이 많았다. 특히 교우관계의 유지가 힘들었다. 어느 땐 다 집어치우고 산속에 홀로 들어가 세상에 나오지 않으려고도 생각했다. 이 사바세계엔 두 번 다시 나오지 않고도 싶었다. 그만큼 어렵고 힘들었다. 맨투맨, 일대일의 관계는 좋았다. 훌륭한 스님들을 알게 되었다. 그동안 몰랐던 종단의 일도 배우게 되었다. 하지만 대중 속에서 나를 내세우지 않고 사는 일은 큰 공부가 있어야 했다.

얼마나 울어야 마음이 열릴까?

실컷 울고 나면 마음이 시원해진다. 억울한 감정도 없어지는 것 같다. 참회의 대성통곡을 하고 나면 괴로움이나 근심 없이 기분이 아주 즐겁고 가벼워진다. 깨달음이란 마음이 열려 참된 모습을 바라보는 것이다.

억울함과 분노, 괴로움이나 근심이 눈물의 샘을 타고 흐를 때 마음은 열리고 깨달음을 얻는다. 동시에 그전에 알지 못했던 진리의 모습을 보게 되면서 뛰어난 사람이 되는 것이다.

스님들의 개성은 독특하다. 그 개성이 강한 스님들의 성격과 행동은 천차만별이다. 성격과 행동을 다 맞춰줄 수는 없다. 그래서 율장이 있는 것이다. 그러나 나는 하고자 했다. 어떤 면에서는 나는 너무 무모했다. 너무 크고 넓게 생각과 행동을 잡기에 그래서 마음을 다친 일이 여러 차례다. 그렇지만 나는 앞으로 가야 한다. 모든 이들과 넓고 크게 가고자 한다. 이것이 나의 장단점이기도 하다.

개성이 강한 스님들의 성격과 행동을 받아들이고 마음에서 녹여내 평등하게 대하는 것은 정말 어려웠다. 힘들었다. 그러나 그 속에 묻혀 지냈다. 이 서 말은 몰고 다녀도 중 세 명과는 같이 다니지 못한다는 말이 있다. 어쩌면 승가를 나타내는 세속적인 표현인 거 같아도 일리가 있다.

중국집에서 스님 세 분이 시키는 메뉴는 모두 다르다. 이런 마음을 한 곳으로 모으고 이끄는 일이 나에게는 힘에 부쳤다. 늘 너무 앞서가지 않나 싶었다. 어느 날 문중의 노스님이 나에게 문득 한마디를 던졌다.

"자네는 두세 발 앞서가는 것이 문제야." 지금 돌이켜 보면 그 말씀이 맞다. 학인이 학교생활만 열심히 하면 되지, 무슨 보살정신을 펼치려고 했담…….

그동안의 수행이 많이 모자랐다. 그러나 모든 것을 내려놓고 다시 산으로 들어가기엔 젊은 청춘이 불쌍했다. 이제 나그네의 떠돌이 신세는 불쌍하고 처량하여 설움이 앞을 가렸다. 자신의 이익에 양보를 모르는 이들을 어찌한단 말인가!

이 시절이 나에겐 가장 순수하고, 많이 배우고, 여러 도반과 다투고 화합하며 중물을 들여가던 시기였다. 사실 내 성격은 모난 데가 없이 둥글다고 생각했지만, 착각일 수 있는 거였다. 대중생활로 모난 성격이 이리 깎이고 저리 깎여 조금은 반질거리는 조약돌이 됐다. 대중생활은 너무 잘 살아도 시기를 받고, 못 살면 대중에게 피해를 준다. 중도의 삶. 이것이 평생 닦아야 할 올바른 삶의 나침반이다.

학교생활을 마치고 대망의 비구계를 받았다. 뿌듯하고 시원한 느낌이었다. 사미계 도반들보다 한참 뒤처진 비구계이다. 그렇지만 마음만은 편했다. 부처님 앞에서 서원을 굳게 다짐하고 팔뚝에 굵은 연비의식을 마친 후 비구의 가사를 수용했다.

위 없는 불도를 반드시 이루리라.
끝없는 중생을 반드시 제도하리라.

비구계를 받은 후 출가 본사인 은해사에서 주지 스님을 잠시 시봉했다. 주지 스님은 은사 스님이었다. 은사 스님은 사판승이다. 행정과 정치에 관심이 많고 탁월한 능력을 소유했다. 언론에 사판이 체질이라고 밝히기도 하였다. 불법 포교에도 정열을 쏟으신 스님은, 나를 보기만 하면 시봉을 들라고 해서 도망을 다닌 적도 있었다. 한때 이런 생각까지 했다. 전생에 은사 스님은 나의 제자였고, 나는 제자를 함부로 부려먹어서 이승에서 그 인과응보로 은사는 나만 보면 시봉 들라 한다고 생각한 적도 있었다. 선인 선과, 악인 악과의 법칙은 찬란한 역사의 변치 않은 진리다.

갓 출가한 행자시절에는 은사 스님의 모습에 반한 적이 있지만, 스님과 나의 관계는 전생으로부터 가야 한다고 생각한다. 출가 전 회사 근처의 목욕탕에서 스님을 몇 번 뵈었으니 전생 인연이 아니런가! 대사회적 통일사업에도 공로를 인정받은 스님은 못 하는 것이 없는 탤런트 같은 분이다.

말년에는 선원에서 참선 정진에 심혈을 기울이니 학문과 수행이 원융된 대종사이시다. 1년 동안 스님을 모셨다. 모시는 동안 배우기도 많이 배웠고, 혼도 많이 났다. 나는 바릿바릿한 편이지만, 어른을 모실 때는 항상 공손하고 정신을 차려야 했다. 마음 한편에는 권력 맛을 깊이 보고 계신 스님이 애잔하기도 했다.

서울로 올라와 절 소임을 보면서 대학원에 다녔다. 젊은 스님들은 가지고 있는 돈이 많지 않다. 용돈이나 좀 있을까. 이마저도 없는 스님들이 많다. 그래서 대학공부를 하려면 돈을 벌어야 한다. 그중에 쉽고 빨리 구해지는 것이 부전 소임이다. 절에서 기도를 보면서 월급을 받아 학교에 다니는 것이다. 이를테면 아르바

이트를 한다고 생각하면 이해가 쉽겠다. 운이 좋으면
그 사찰에서 장학금을 받을 수도 있다.

전진

학문연구보다 수행과 포교가 나에게는 맞는 것 같았다. 그래서 공부를 마치자 곧바로 포교원을 개원했다. 서울 강동구 쪽 월세살이 포교원이었다. 허허벌판에 개척하는 포교였다. 어느 스님이 말하셨다. 기존의 신도나 아는 사람이 없는 곳에서 홀로 개원하는 것은 맨땅에 헤딩하는 것과 같다는 것이다. 아픔과 외로움이 가득했다. 그 외로움과 고통은 고스란히 나의 몫이었다.

사회에서 하는 사업도 그렇지만, 재정이 넉넉해서 번듯하게 잘 꾸며진 곳은 사람들의 관심과 왕래가 빈번하다. 하지만 재정이 빈곤해서 즉 가난해서 여법하게 꾸며 장엄하지 않은 포교원은 관심 밖이어서, 사람들이 발걸음을 멀리하게 된다.

개원을 시작으로 홀로 시작된 나와의 싸움을 시작했다. 이리 뛰고 저리 뛰면서 있는 것을 정리하고 활용하면서 열심히 했다. 얼마나 정신없이 일했는지 잠깐

찻물을 팔팔 끓여 다기에 붓는다는 것이. 그만 손등에 쏟아붓기도 했다. 평소 같으면 뜨거워 아프고 물집이 잡히는 화상이 생기겠지만 손등만 조금 벌겋게 부었다. 부처님의 가피라며 고마움에 눈물을 닦았다. 짜맞추고 갖다 붙이고, 중고매장에서 구입해 설치하면서 어설프게나마 법당의 모습이 갖추어졌다.

인연은 있다. 인연은 어려울 때 다가오는 것이 진짜다. 환한 빛을 볼 수 있어 감동적이다. 평소에 신도를 두지 않았지만, 사십구재를 봐준 불자들이 찾아와 도움을 주셨다. 도반 스님들이 찾아와 개원을 축하해 주었다. 뜻이 있는 곳엔 길이 있다고 생각하였다.

힘들었지만 기분은 좋고 혼자 만들었지만 훈훈한 포교원은 작지만 강건함이 있었다. 꿈이 서려 순탄하지 않은 여정이 기다리고 있었다. 배짱 가득한 신심이 만들어낸, 아직 희미한 빛이어서 세상을 환히 비추지는 못했다. 내면이 아련한 반딧불 같은 작은 아름다움이지만, 생명력이 있어 꿈틀거렸다. 한 마리의 용이 물속에 잠겼다. 그 용은 깊은 한이 서린 용이었다. 한 서린 용은 앞을 알 수 없는 고단한 슬픈 여정의 배를 띄웠다.

출가 전에는 잠시 자취를 하였다. 홀로 자취를 하였지만 어린 청년이어서 세상 물정을 잘 몰랐다. 집주인과 세입자의 관계를 깊게 생각해 본 적도 없고, 갑과 을의 관계는 부동산 계약에 나온 형식적인 이름인 줄 알았다. 그러나 그때와는 세상이 많이 달라졌다. 돈이 지배하는 세속에 뛰어들어서 적극적인 삶을 살아가고 있는 중이다. 나이를 더 먹은 만큼 철이 들 때도 됐다. 정신을 차려야 했다.

집주인과 세입자라는 갑과 을의 관계를 난생 처음으로 느꼈다. 있는 자와 없는 자의 차이. 이것은 부정할 수 없는 현실이었다. 이상을 위해 현실을 외면할 생각은 없었다. 현실과 이상이 함께해야 질 좋은 작품이 만들어진다.

한때 건물 주인의 인정 없고 서슬 퍼런 눈초리를 느껴야 했다. 눈을 감으면 코 베어 간다는 서울의 인심이 이러한가 싶었다. 그러나 차가운 인정 앞에서 힘들어했지만, 속으론 희열이 올라오는 것을 느꼈다. 힘든 상황에서 살아남는다는 것. 또 어려움을 헤쳐나가는 것에 전율을 느꼈던 것 같다. 한 친구가 나에게 던지던 말이 지금 기억에 남는다.

"너는 고통을 즐기는 사람 같다!"

나는 스스로 그렇지 않다고 본다. 고통을 즐기는 사람이 어디 있겠는가. 나는 고난과 고통을 싫어했다. 이 일은 인과응보를 믿지 않은 결과다. 자신이 짓거나 생각했던 것은 현실이 되어 돌아오는 것은 자명한 사실이다.

게으르면 자기가 하는 일을 때에 맞춰서 해내지 못하여, 혼이 나는 일이 생길 수 있다. 용돈을 아껴 쓰지 않으면 돈에 쪼들리는 일은 나의 몫이었다. 안 좋은 일로 부모님이나 친구들에게 손가락질을 받을 수도 있는 법이다. 칭찬만 받고 살지는 않았던 것 같다.

나는 청소년 시기가 정확히 언제인지 모른다. 다 커서 20대 때 청소년 시기를 보내고, 사춘기를 보냈다고 생각한다. 가능한 조용하게 지냈으며 부모님께 순종하면서 자랐다. 나이는 어리지만 순탄하게 살아왔다. 하지만 20세부터는 조금 양상이 달라졌다.

스스로 자신을 옭매면서 일이 조금씩 꼬이면서, 고난과 고통이 닥칠 때도 있었다. 지금 와서 찬찬히 생각해 보면 나에겐 남보다 혹은 친구들보다 뛰어나고 잘나 보이게 하려는 마음이 깔려 있었다. 나는 욕심이 많았나 보다. 되돌아보면 그 당시 물질적인 욕심은 없었다는 것을 스스로 인정한다. 그냥 영웅이나 성인이 되려는 욕심이 많았다. 나를 우러러보는 사람이나 뛰어난 사람이 되게 하려고 했던, 되지도 않은 영웅심이 많았다.

고난과 고통이 닥칠 땐 피하고 싶었다. 맞서 싸우는 일을 피하고 싶었다. 나는 나약한 존재였다. 그러면 뒷날에 그 일들이 더 크게 확장되어 나에게 닥칠 때도 있었다. 그러면 나는 시간이 딱 멈춰졌으면 하는 옹졸한 생각을 했다. 고통을 즐기는 것과는 거리가 멀지 않은가.

고통을 맛보고, 깨지고, 쓰러지고, 무너지지만 나는 벌떡 일어서곤 했다. 공중에서 깨지고, 쓰러지고, 무너지고, 다시 일어섰다. 부처님 전에서도 깨지고, 쓰러지고, 무너지고, 또 일어나 앉았다. 그렇게 수없는 반복을 통해 이 자리에 설 수 있었다. 부처님이 나를 강하게 가르치고 키운다고 생각했다. 그렇게 생각하지 않았다면 나는 미쳤을지도 모른다.

슬픈 울음 속에서 느끼고, 뜨거운 눈물 안에서 부처님을 바라봤다. 그러다 보니 고난과 고통에 대한 내성이 생겼다. 내성이 생기면 강해질 수 있다. 내성은 면역력이다. 면역력이 있어야 이겨내고 싸울 수 있다. 그래서인지 웬만한 고난과 고통에는 마음의 움직임이 없다. 다만 측은한 마음이 있을 뿐이다.

신뢰하던 사람의 배신이 있었다. 믿고 의지하던 분이었다. 그러나 그 사람은 자신의 이익에만 관심을 가졌다. 애초부터 내가 잘되는 것을 바라지 않았는지도 모른다. 결국 나를 이용해 자신의 욕심을 채웠다. 그 사실을 알았을 땐, 그전과는 마음가짐이 달랐다.

출가 전의 젊은 나이였다면 너무 괴로워 술을 과하게 마셨을지도 모른다. 먼 산을 바라보며 나의 마음을 들여다보았으나 미동도 없었다. 분하고 미워했을 그 사람은 자취가 없고 고요한 마음 그대로였다. 자기 복이겠지 하면서 말이다. 지금도 관계를 잘 이어나간다. 아마 그분은 나의 마음을 모를 것이다. 내색하지 않았다. 사람과의 관계는 중요하고 필요하다.

나는 강한 사람이 되고 싶었다. 그 예는 아버지였다. 아버지는 참 강한 분으로, 어머니가 외골수라 불렀다. 그의 앞에서 눈을 마주치면 무서웠다. 아버지이지만 다가가기가 힘들 만큼 강하셨다. 나는 분명 그의 DNA를 물려받았다.

지금은 내가 원하고 바라는 일들이 조금씩 이루어지고 있는 것을 느낄 수 있다. 어릴 적 바라고 꿈꾸었던 것, 마음에 그려놓은 일들! 생각하고 마음먹은 일은 꼭 이루어지나 보다. 현실이 될 수도 있고, 미래일 수도 있다. 이 세상에 실현될 수도 있고 저 세상에서 나타날 수도 있다. 시간과 공간은 인간이 만들어낸 한계

와 울타리이다. 일생에 한 번은 시공간을 넘어서 봐야
한다.

나의 작은 욕심만 제일이라 생각지 말고, 내 욕심만
이루어지게 바라지 말고, 좋고 큰 생각을 지녀야 한
다. 큰 틀을 가지고 모두가 행복하고 평화로운 존재가
되도록 기도하라. 우리들의 최종목표는 바로 너와 내
가 하나가 되는 일심에 있다. 그렇게 하도록 자주 연
습해야 한다. 그러면 결국 우리들의 생각과 마음은 꼭
이루어지고 현실이 되어 돌아온다.

마음은 그림을 그리는 화가와 같아서
능히 세상의 모든 것을 그려낸다.
정신과 육체도 마음으로부터 나온 것이며
그 어떤 것도 마음이 만들지 않는 것은 없다.

-화엄경-

갑과 을의 관계는 존재하였다. 가난한 자가 뜻을 펼
치려면 궁상맞은 현실의 역경을 맞닥뜨려야 한다. 처

음부터 눈에 띄게 개척할 프로그램을 짤 능력이 있는 것도 아니고 적극적인 마음도 없는데, 척박한 곳 도심의 포로가 되어, 눈 뜬 채 코 베인다는 서울에 몸을 내렸다. 그것도 아무도 아는 이 없는 이곳에 개원한다는 것이 이상할 따름이었다.

이 계기로 나의 운명이 바뀌었다고 생각한다. 소극적인 생각과 행동이 적극적인 마음과 실천을 만날 때 운명은 바뀐다. 훗날엔 인생 전체가 바뀐다. 삶의 객체가 아니라 주체가 된다.

운명은 자신이 자신에게 주문을 거는 것과 같다고 할 수 있다. 매일의 점검표다. 점검하는 곳엔 희망과 열정 그리고 발전이 보이지만 나태해지면 추진했던 일들이 상황종료가 될 수 있다.

성공을 꿈꾸는 자들에게는 자기 일을 해야 한다고 나는 강력하게 권하고 싶다. 현재의 어려운 고통 속에서 흘린 땀방울과 눈물은 미래에는 아름답게 빛나는 다이아몬드가 되어 돌아올 것이다.

다이아몬드가 되는 진실은 제련 과정에서 이루어진

다. 혹독한 제련 과정에서 밀도와 품질이 뛰어난 다이아몬드가 탄생한다. 나의 마음과 재능은 더욱 굳세어진다. 그리고 값어치가 나가는 여러 종류의 귀금속 속성을 가지고 다시 태어날 것이다. 때와 운에 맞춰 잘 가꾸어진 귀금속은 세상 사람들의 관심과 사랑을 한 몸에 받을 것이다. 세상이 밀어주며 꼭 필요한 존재가 되는 것이다.

인생은 일면 도박이다. 화투판처럼 돈을 걸고 번잡하게 하는 것이 아니라, 자신과의 싸움이며 내기이다. 자신에게 지면 희망과 밝은 미래는 외면 당하고 사라질 수 있다. 그렇지만 자신과 싸움을 단번에 이길 수는 없다.

단번에 이겨야 한다는 생각을 버려야 한다. 잘못된 생각과 이루지 못하는 길을 가고 있는 것과 같다. 자신을 이기려면 내면과 자주 부딪히는 연습을 해야 한다. 길들여지지 않은 내면을 바라보고 그릇됨을 절제하고 다스리라는 이야기다. 그러면 힘과 에너지가 생긴다.

자신과 싸워 이기는 방법이 있다. 이 싸움은 고독하지만 해볼 만한 싸움이다. 외로워보지 못한 인생은 싸울 줄을 모르고, 울어보지 않은 인생은 세상이 만만해 보인다. 지지치 않은 인생은 땀의 값어치를 모른다. 피하지 마라. 피하면 정말 나중에 몇 배나 센 강한 펀치와 그 상황을 맞닥뜨리게 된다.

마음 수행은 어렵다. 힘든 상황을 이리저리 잘 피해 다니면 잘한 것 같지만 그 끝이 좋지 않다. 어떤 상황이든 맞닥뜨려야 한다. 때론 적극적으로 정법에 따라서 행해야 한다. 편법은 쉽고 편리한 것 같지만 편법엔 복병이 숨어 있다. 나를 해치는 복병. 그 복병을 맞으면 한순간에 무너질 수 있다. 정법에 따른 페어플레이를 하자면 강해져야 한다.

돌아! 강한 것을 무서워하지 마라.

진정으로 강한 자는 남을 해치지 않는다. 강함에는 자비심이 스며있기 때문이다. 강한 것은 진실하다. 강함은 무상無常함에 스며든 불꽃과 같다. 무상의 진리는 사라지지 않기 때문에 불꽃도 꺼지지 않고 활활 타오른다. 화엄華嚴의 바다처럼.

자신과 싸워 이기는 방법은 정법을 쓰고 페어플레이로 꾸준히 이끌어가는 것만이 유효하고 가능성이 있다. 내 안에는 수많은 복병이 있다. 탐심, 성냄, 어리석음의 세 가지가 조화를 부려 마치 백만대군과 싸우는 것과 같다. 잠시 틈새를 보이면 비비고 들어와 가상공간에서 포켓몬과 가장 처절한 싸움을 벌이게 된다. 그래서 자신과 싸워 이기기가 어려운 법이다.

정법과 페어플레이는 공덕을 만들고 복을 키워나간다면 승산이 있다. 복병은 공덕과 복을 무서워한다. 복병은 당신과의 대항을 어려워하며 스스로 무너진다.

천일기도

　건물에 입주한 지 얼마 되지 않았다. 바깥에 볼일을 보고 돌아오는데 건물 주인이 내가 버린 쓰레기봉투를 풀어헤쳐 뒤지는 것 같았다. 무엇을 버리는가 살펴보는 것 같기도 하고, 어떤 종류의 스님인가 하고 쓰레기봉투를 샅샅이 검사하는 중이었나 보다. 뭐! 그래 봤자 별다른 것은 없으니까.

　솔직히 기분은 나빴다. 마음이 상했다. 그렇지만 왜 그러냐고 따져 묻지를 못했다. 내 특유의 대처 방법인 아무 말도 하지 않고 지나치는 것이다. 이런 일들이 세속의 세계인가 하면서 말이다.

　잠시 얼굴을 돌리는 순간, 그들은 나를 보더니 소스라치게 놀란다. 나쁜 분들은 아니다. 호기심에서 그랬겠지. 대번에 죄송하다고 사과를 한다. 나는 씁쓸하고 억울한 얼굴을 애써 감췄다. 이러한 일의 시작으로 갑과 을 속에서 정법을 지키고 페어플레이를 하면서 나를 만들어나갔다.

서울에 개원한 포교당은 작지만 내 힘, 스스로의 판단으로 만들어낸 첫 번째 작품이다. 도심 포교의 활동은 그동안 다져온 이력과 내공 없이는 힘든 일이다. 꽤 처절한 자신과의 싸움이다. 인내가 인내를 낳는 걸작의 나날이었다.

찾아오는 분들은 화장실에서 날아드는 파리 그리고 걸인과 잡상인뿐이었다. 어여쁜 모습을 갖추고 찾아오는 불자는 없었다. 그래서 도심 포교당은 생명력이 짧다. 몇 개월 또는 1년을 버티지 못해 판잣집 신세를 면치 못한다. 그래도 나는 조금은 나았다. 개원식에 오셨던 신도분들과 그들의 인연들이 모여서 천일기도에 들어갔다.

기도는 늘 해오던 일이라 크게 걱정스럽지 않지만, 나에게 미숙했던 일들 곧 사람을 모으고, 설법하고, 운영해야 하는 전반적인 일들을 배워 알아야 했다. 하나하나 살피고 계획을 세워 1,000일 동안 영혼의 성숙과 불보살님의 가피, 지식의 습득과 경영을 배우는 데

소홀히해서는 안 되었다. 진짜 열심히 살았다. 자기계발에 더욱 힘을 쏟았다.

 정치, 경제, 사회, 과학, 경영 등등의 개론서를 접하여 읽고 생각하고 연구하였다. 설법하기 위해 조언을 듣고, 강의 동영상을 시청해야 했다. 설법하는 방법을 배우고 연구하였다. 발음을 교정하고 밤늦게까지 강의 준비를 차근차근히 했다. 처음엔 어려워 힘들고 뜻대로 되지 않았지만 매일 꾸준히 성의껏 진행해 나갔다.

 천일기도는 대부분 혼자 하였다. 부처님 공양을 지어서 올리고 혼자 끓여 먹고 살았다. 신도분들이 반찬을 만들어 오셔서 힘들지 않게 공양을 차려 먹었다. 때론 밤늦게까지 기도를 올리고 기쁨과 환희심에 젖을 때도 있고, 폭포수 같은 눈물을 흘리며 그동안의 삶을 참회하였다.

 빌딩 안에서는 소음이 문제다. 목탁 소리는 울리기 때문에 예민하다. 종교가 다르면 종교활동을 하는 데에 심하게 방해를 할 수 있다. 앞의 주지 스님은 향냄

새가 너무 난다고 민원이 많이 들어왔다고 한다. 하루
네 번씩 목탁을 치고 기도했건만 시끄럽다고 들어오
는 민원이 한 건도 없었다면 이것도 부처님의 작은 가
피런가?

평소에 보살菩薩(Bodhisattva 나도 이롭고 남도 이
로운) 사상에 관심을 가져왔고, 보살 사상을 펼치기
위해 포교당을 세운 터라 보살의 마음을 전하고 수행
을 이끌기 위해 보살 전등회, 보살 전등학교를 세웠
다.

보살 전등회는 보살의 따뜻한 측은지심의 마음을 전
하는 모임이ㄴ다. 어려운 이웃을 위해 봉사하고, 용돈
을 모아 어렵게 사는 이들에게 베푸는 불교의 자비심
이었다. 초대 회장인 일심화 보살이 솔선수범하고 나
름대로 열심히 이끌어서 마음이 뿌듯하고 행복한 모
임이었다.

보살 전등학교는 교리와 수행의 학교다. 교리는 주
로 '불교개론서' 등 경전을 강의하면서 불교의 이론에
대하여 알렸다. 수행은 불보살의 가피와 마음을 이어

받는 관세음보살 일심칭명의 참선과 명상 프로그램이었다. 신도분 모두 법회와 모임을 솔선수범으로 가족과 함께하는 신앙생활이 즐겁고 유익해졌다.

어머님이 어릴 적 나에게 지어준 별명은 '말하는 벙어리'였다. 말을 할 줄 아는데 웬만해서는 입을 열어 말을 하지 않았단다. 그만큼 과묵했다고 할까. 사실 외향적인 성격이었지만, 어떤 계기로 내성적으로 바뀌었다. 어렸을 적에는 명랑하고 개구쟁이란 소리를 듣고 자랐는데 무슨 이유에서인지 급속도로 변했다. 얼마나 답답했는지 이런 별명을 붙여준 것이다.

이런 과거가 있는 사람이 대중 앞에서 오랜 시간 말을 한다는 것은 쉬운 일이 아니었다. 그도 그런 것이, '부처님오신날'에 불교방송 인터뷰를 할 당시, 준비는 하였지만 카메라를 들이대니 말을 못 하겠고 눈앞이 백짓장처럼 하애지며 버벅거리는 트라우마가 생겼으니 말이다.

학교 다닐 때 솔선수범하여서 발표하거나 적극적으로 내가 하겠다고 손을 들어보지도 않았다. 중학교 시절, 담임 선생님은 연극 출연자들을 뽑기 위해 나에게 국어책 속의 여자아이 대사를 하게 하였다. 정성 없이 건성건성 기계음처럼 한자씩 또박또박 읽어나갔다. 얼마 들어보지 않은 채 선생님은 됐다고 하셨지만, 사실은 일부러 그렇게 했다.

나는 남들 앞에 나서는 것을 싫어했다. 쉽게 말해서 자신감도 없고 숫기도 없었다. 때로는 넘치는 힘과 끼를 부렸지만 부끄러움을 많이 탔다. 자신을 숨기는 일은 이때부터 시작된 것 같다.

하지만 이런 핑계로 자기 계발을 멀리하고 싶지 않았다. 간절히 하고 싶었다. 간절하면 통한다고 하였던가. 매일 말하기를 연습하고 법문 원고를 작성하고, 원고에 따라 꾸준하면서 반복적으로 연습하고 연습하니 아주 조금씩 나아져갔다.

좋은 스피치, 훌륭한 법문은 말을 번지르르하게 유창하게 잘하는 것이 아니라, 나의 마음에 있는 것을 진솔하게 말하고, 듣는 사람을 배려해가며 행복과 감동을 주는 것이라고 생각한다. 한마디의 핵심을 전달하는 것은 청취자에게 감동을 주는 것이고, 마음에서 우러난 감성적 표정 언어의 전달은 상대방의 마음을 움직이게 한다.

내 인생에 있어서 크게 변한 것은 몇 가지가 있다. 대중 앞에서 이야기하는 것, 글을 써서 책을 출판하는 일은 그전에는 절대 생각하지 않았고 꿈꾸지도 못했던 기적적인 일들이 벌어진 것이라고 말할 수 있다. 이런 일이 모두 스스로 인생을 개척해 나가는 일에서 비롯돼, 기도의 가피이고, 마음수행으로 스스로 찍어 만든, 내가 가지는 도장의 힘일 것이다.

기도는 내면의 힘을 이끌어 일을 완성하는 데에 특출한 효과와 힘이 있다. 그래서 기도의 힘은 묘력妙力(묘한 힘)이다. 많은 분이 기도에서 힘을 얻고 인생을 적극적으로 개척해 나갔다. 그리고 성공했다.

사람이 되는 과정이 기도이고, 그 사람이 세상에 나아가 꿈을 펼치는 일은, 기도에서 선택받은 이들이 해야 할 일이다. 인생에 있어서 기도는 해볼 만하다. 인생은 결국 혼자지만, 인생의 길은 혼자 가는 것이 아니다. 혼자의 힘만으로는 한계가 있다. 누군가 도와주는 이들이 있어야 한다. 그 일을 기도가 맡아서 해주면 일거양득이 된다.

나의 수호신, 나를 도와주는 보이지 않는 존재, 불보살님들, 호법신장님들. 기도하면 기막힌 일들이 벌어질 때가 있다. 잘 되기도 하고, 안 되기도 한다. 포기하기 쉽지만, 이때가 수호신에게 선택받는 시초의 단계이다.

기도는 인류가 발견한 간절하면서 적극적인 퍼포먼스다. 열정 에너지이다. 원하고 바라는 일들이 이루어진다. 기도는 예나 지금이나 미래에도 사람들을 고통에서 일으켜 세우고, 스스로 걸어 행복한 삶으로 나아가는, 삶의 과정에 없어서는 안 되는 빛과 공간이다.

기도는 자기계발에 강력한 영향력이 있다. 정정당당하게 자신의 입지를 세우고 힘을 끌어모아 전진해야 한다. 앞뒤를 재지 말고, 생각을 많이 하지 말고, 오직 목표를 이루고자 전진해야 한다. 주위의 기세에 눌리거나 남에게 주눅 들지 말고, 어깨를 펴고 고개를 들어 세상의 기운을 머리에 담고, 우주의 영원한 기세를 마음에 담아 일을 성취하라.

기도로써 일상의 끝없는 성공과 실패를 대처하고, 기쁨과 슬픔을 함께하여 한몸 한마음을 이루게 하여야 한다. 그러면 광명은 마음에 피어올라 얼굴 가득 환한 빛을 발산하리라.

돌아! 실패를 걱정하지 말고 최선을 다하여야 한다. 어차피 인생은 한 번 왔다 가는 것뿐이며, 매사가 도전의 연속이다. 도전하는 것만으로도 태어난 보람을 느낄 것이다. 그것은 오로지 너의 삶이어야 하고, 이곳에서 진정으로 행복한 인생을 찾아야 한다.

기도는 몸과 마음을 바꿔놓는다. 그 원리는 마음이 변화하니까 얼굴 등 신체가 아름다운 모습으로 변화하고, 그 외 모든 것들이 바뀌는 것이다. 그렇기에 기도해서 마음이 좋은 곳으로 바뀌지 않으면 기도의 효험을 크게 보지 못한다.

'모든 것은 마음으로부터 이루어진다.'

우리가 잘 알고 있는 교훈인 관상불여심상觀相不如心相(관상은 마음 상만 못하다) 심상불여덕상心相不如德相(마음 상은 덕德 상만 못하다)은 중국 당나라 때 마의 선인이 지은 마의상서麻衣相書에 나오는 내용이다.

어느 날 마의 선인은 한 젊은이의 상相에서 죽음을 엿보고는 곧이곧대로 말해주었다. 실의에 빠진 젊은이는 개울가에 앉아 신세를 한탄하다가 때마침 물에 떠내려가는 개미 떼를 보고 측은한 마음이 들어 모두 건져내어 살렸다. 그리고 며칠 후 선인은 젊은이를 우연히 만나게 되는데, 어찌 된 일인지 젊은이의 상이 귀하게 바뀌어 있더라는 이야기다.

착한 마음에서 나온 선행(덕행)은 나의 인생을 한순

간에 바꿔놓는다. 생각과 습관을 바꿔놓기는 어렵다. 그러나 운명을 바꾸는 일은 생각과 습관이 변화하는 데서 시작된다. 운명은 생각과 습관에서 오는 것이기 때문이다. 그렇기에 생각과 습관이 바뀌지 않으면 좋은 인생은 찾아오지 않는다.

습관의 힘은 강력한 에너지를 가지고 있다. 습관을 바꾸는 일에는 기도만큼 좋은 것이 없다. 실제로 기도는 한 만큼 가져간다. 한 만큼 돌려준다. 어찌 보면 은행에 저금해서 원금과 이자를 돌려받는 것과 같다.

하지만 습관의 힘은 매우 커서 나를 바꾸기를 거부한다. 그동안 가꾸어온 나의 습관과 생각 그리고 가치관 이외의 다른 생각과 사상엔 거부감이 든다. 나를 바꾸면 크게 손해 보는 것 같고 죽을 것 같은 생각이 든다. 변화의 시기를 갖는 것이 그만큼 어려운 일이다.

습관은 상당히 보수적인 정신을 하고 있다. 내가 제일이라는 강한 이기심, 변화를 거부하고 안주하려는 본능이다. 그래서 좋은 습관을 들여야 한다. 긍정적인 습관, 강력한 이기심과 본능을 깨고 마음 안으로 들어가 다시 태어나는 일은 쉽지 않다. 오죽했으면 마음 안에서 다시 태어난 사람을 진인眞人(참된 사람)이라 했겠는가.

지독히 어렵다. 그렇지만 투자한 것만큼 나오는 것이 기도다. 결과론에서 보자면 아니 몇 배, 몇십 배, 몇백 배 또는 생각으로 헤아리기 어려울 정도의 이익을 가진다. 어른 스님의 법문이 생각난다. 백일기도는 백일 동안 열심히 한 것만큼, 천일기도는 천일간 열심히 한 것만큼, 만일기도는 만 일 동안 열심히 한 것만큼, 복과 공덕 그리고 이익이 되는 에너지를 가져간다.

대만의 불광산사 창건주 성운 스님은 9세 때 동진출가를 하였다. 출가 동기는 9세 때 강에 빠져 죽을 뻔하다 관세음보살님의 가피로 살아나 "나는 평생 사람을 구해주고 자신도 구하며 살겠습니다."라고 어머니께 다짐한다.

성운 스님은 1947년 초산불학원焦山佛學院을 졸업

하는 등 선과 율을 익히고 염불 수행도 등한시하지 않았다. 그는 당시 중국불교가 사회와 절연하여 산속에서 불공과 재나 올리는 비현실적 종교로 흐르면서 몰락해가는 현실을 보았다.

실질적으로 현실을 살아가는 사람들에게 어떤 삶의 지침과 영향도 주지 못하는 불교를 안타깝게 여겼다. 진정한 불교는 사람들에게 기쁨과 행복, 편리와 평화뿐만 아니라 해탈과 자유를 찾는 법을 가르치는 것이 되어야 했다.

그는 1949년 장개석과 더불어 대만으로 건너와 밥을 굶는 가난과 싸우며 수많은 역경과 투옥의 시련 속에서도 현대적인 포교를 시작한다. 1967년에는 대만 가오슝高雄에 세계 최대 규모의 사찰이면서 인본주의적 이념을 담은 '불광산사'를 창건하며 인간불교를 실천해나갔다.

오늘날 불광산사는 5개 대륙에 200개가 넘는 분원과 전세계 70개국이 넘는 곳에 100개가 넘는 국제 불광협회 지부를 두고 있다. 우리 삶을 기쁨과 행복으로 물들이며 대 사회적 자원봉사 활동에 매진한다. 종합 대학만 해도 5개소나 된다. 신도 수는 200만 명이다.

수십 차례의 고난, 좌절, 잘못된 비난, 굴욕, 빈정거림, 중상, 불명예, 억압에도 그를 버티게 해준 것은 그리고 그의 물러남이 없게 해준 것은 기도와 서원 덕분이었다. 헛된 서원은 없다고 그는 말한다. 서원은 생각을 현실로 바꾸는 강력한 동기이기 때문이다. 그는 수행과 서원은 입으로만 말하는 것이 아니라 기도하고 실천하는 것이라고 하였다.

성운 스님은 어릴 적부터 관세음보살께 기도를 올리며 가피를 여러 번 받았다. 그가 인간불교를 제창하고, 교육 불교, 수행 불교를 이끌어 성공한 밑바탕은 큰 서원과 끊임없는 관음기도의 힘일 것이다.

어릴 적 나는 똑똑한 편이 아니었다. 깨우치는 것도 남들보다 늦어서 다른 아이가 2~3일이면 술술 외던 [고문관지]의 문장 한 편을 나는 2~3주가 걸려서도 유창하게 외지 못했다.

열다섯 살에 구족계를 받으며 정수리에 향 조각을 놓고 태울 때, 계사戒師께서 너무 세게 불어서 머리 위에 있던 12개의 향이 한꺼번에 확 타오르면서 머리 살가죽이 파일 정도로 타들어 갔다. 참을 수 없는 고통은 둘째치고, 뇌신경까지 타버려 기억력은 감퇴하고, 쉽게 잊어버리고 아둔해졌다.

비록 원망하는 마음은 조금도 없었지만, 글을 외어야 할 때면 늘 앞구절을 외면 뒷 구절을 잊어버려 선생님에게 야단맞는 것은 보통이고, 회초리를 맞거나 욕을 먹거나 꿇어앉아 벌을 서는 것이 마치 일과처럼 반복되었다.

온갖 방법을 다 써도 나아질 기미가 보이지 않자, 선생님은 자포자기의 심정으로 관세음보살님께 예불을 올리며 총명하고 지혜롭게 해주십사 기도하라고 시키셨다.

나는 마음속에 한 가닥 희망을 품고 매일 밤 모두 잠든 뒤, 몰래 큰 법당을 찾아갔다. 그리고, 관세음보살 앞에 꿇어앉아 나에게 지혜를 주십사고 간절하게 기도를 올렸다. 기이하게도 두 달이 채 못되어 천천히 경전의 숨은 가르침을 기억할 수 있었고, 이해력도 전보다 더욱 좋아졌다. 이렇게 매일 밤 예불과 기도를 드렸더니 관세음보살의 가피로 기억력을 회복하였을 뿐 아니라 오히려 이전보다 더욱 지혜가 생겨났다.

열여섯 살 이후에는 뭔가 갑자기 깨달음이라도 얻는 사람처럼 한 번 보기만 해도 책 속의 이치와 지식이 마치 바닷물이 밀려들어 오듯이 마음속으로 깊이 각인되었다. 그 뒤 성적도 크게 향상되어 상위권을 유지하게 되었다. 한 번은 역사시험에서 100점을 받을 수 있을 거라 자신했지만 결과는 97점이었다. 부주의로 3점이 깎이는 바람에 어찌나 화가 나는지 밥도 넘어가지 않았다.

[고문관지]의 문장조차 제대로 외지 못하던 아둔한 아이가 단숨에 지혜가 크게 열리며, 97점이라는 높은 점수를 받으리라 누가 생각이나 했을까! 선생님도 놀랄 정도였다. 뜻밖에 입은 재난이 오히려 복이 되리라고는 생각지도 못했다. 관세음보살에 대한 나의 신심

은 이로 인해 더욱 굳건해졌으며, 어느 한순간도 의심하여 본 적이 없다.

기도와 수행은 확실히 나를 바꿔주었다. 좋고 훌륭하게, 위대하게 바꿔준다는 말이다. 할 수 있다는 믿음과 안전한 궤도의 기도습관을 들이면 된다. 이런 꾸준한 기도 실력은, 나를 그전보다는 전혀 다른 운명으로 바꿔놓는다. 인생이 변한다. 인생이 변하기 시작하면, 생각과 모습들도 따라서 변한다.

성공과 출세할 수 있는 발판들이 세워지고 때를 기다린다. 문제는 하느냐, 하지 않느냐에 달려있다. 발만 들여놓는다면 기도성취의 반은 이룬 셈이다.

돌아! 너무 편한 것만을 찾지 말아라. 편한 것 이면에는 나태함이 있다. 인생은 한 번뿐이기에 큰 전환점을 생각해보지 않으련. 기도에서 말이야.

오래전 떠돌이 기도인 시절, 기도를 못 하게 괴롭히는 스님들이 미워서, 그 절에서 더는 버티기 힘들었다. 바랑을 메고 산에서 내려왔다. 처음엔 그들이 괘씸했지만, 질투가 강한 그들이 나중엔 불쌍하다고 느껴졌다.

바랑을 메고 이곳 저곳 객승 노릇을 하며 떠도는데, 한 길가에서 걸인의 모습이 보였다. 단 1초의 망설임도 없었다. 많지는 않았지만, 나의 주머니에 있는 돈을 모두 꺼내 걸인에게 주었다.

이것이 기도의 힘이다. 미워하는 마음을 측은하게 여기는 마음으로 변하게 하고, 작은 실천의 복과 공덕을 이루게 한다. 성공하려면 기도를 해야 한다. 이 작고 고맙고 거룩한 인연으로 팔자에도 없는 수행자의 길을 계속 걸어가고 있다.

사람이 누군들 산에 들어가서 수행하고 싶지 않겠냐마는 이에 나가지 못하는 까닭은 애욕에 얽매여 있기 때문이다.

-발심수행장-

기도하면 불보살님에게 가피를 받는다. 가피는 많은 이로움을 얻고 긍정적 에너지를 얻는다. 나를 이익되게 하고 지켜주는 일종의 수호신이라 해도 틀린 말이 아니다. 가피를 받으면 어느 곳에 있든지 행복하고 주위에서 사랑을 받는다. 기도하는 대상과 닮아가기 때문이다.

기도는 자비스러운 어머니다. 목숨이 경각에 달렸거나 방황하는 이들을 죽거나 다치지 않게 따뜻한 마음으로 잘 보살피고 이끌어준다.

기도는 마음에 소원이 있어서 기도하는 것이고, 기도하면 반드시 불보살의 가피를 입어 소원을 성취하여야 한다. 기도하여 가피를 입은 사례들을 나누면 크게 세 종류로 나눌 수 있다. 이른바 3종의 가피다. 이른바 현증가피, 몽중가피, 명훈가피.

현실에서 바로 가피를 입어 소원이 성취되는 현증가피顯證加被. 소원이 있어서 지극한 기도를 하면 느닷없이 좋은 일이 찾아 들어 모든 어려움을 해결하게 된다. 이것이 바로 현증가피이다. 불보살께서 현실에서 바로 가피를 보이는 것이다.

꿈을 통하여 소원이 이루어질 것을 예시하는 몽중가피夢中加被.

꿈은 마음의 그림자다. 그러므로 불보살님께 지극한 마음으로 소원을 빌면 낮에 먹은 마음이 그대로 연장되어 밤의 꿈 가운데 나타나는데 이것을 몽중가피라 한다.

소원을 발하고 지극하게 관세음보살을 부르면, 관세음보살이 나타나서 그 사람의 소망에 따라 문서를 주거나, 약을 주거나, 열쇠를 받는 꿈을 꾸게 된다. 이와 같은 꿈을 꾸면 소망은 성취된다. 이것을 관세음보살의 몽중가피라고 한다.

은은하게 보호를 받는 명훈가피冥勳加被가 있다.

언제나 불보살의 보호를 받고 사는 것이다. 이렇게 되면 재난이 저절로 피해 가고 항상 기쁘고 편안하고 즐거움이 가득하게 되며, 입가에는 미소를, 가슴에는 희망을 품고 살아가게 된다.

항상 관세음보살을 칭명하게 되면 이 3종가피가 함께 찾아온다.

초심 때 기도로 하루를 시작하고 마치는 시절이 있었다. 사실 기도를 혼자 열심히 하게 되면 대중들에게 시기를 받아 방황한 적도 있다. 그날도 떠돌다 배가 고파진 나는 어느 선술집으로 들어갔다. 배는 매우 고파 심하게 허기가 지고 수중엔 돈은 없으니 동냥을 해서라도 밥을 얻어 먹어야 했다. 사실 내가 선술집으로 들어간 것은 아직도 이해되지 않는다.

주인인 노파는 무서워 보였다. 욕쟁이 할머니처럼 보였다. 그렇지만 인자한 얼굴도 띄고 있었다. 사정을 이야기하니 선뜻 밥을 차려주어 공양을 맛있게 먹었다. 정말 맛있는 공양이었다.

공양하는 나를 물끄러미 바라보던 노파는 이런 말을 해주었다. 어디 가서든지 10년 동안 수행(기도)을 하라고 했다. 그러면 훌륭한 사람, 큰스님이 된다고 말이다.

예~ 대답을 하고 밖으로 나와 여러 곳을 돌아다니다 다시 그곳을 찾았으나 그 선술집은 보이지 않았다. 맛있게 공양을 얻어먹던 선술집과 노파는 자취가 없이 사라져버렸다.

나는 그분을 관세음보살 화신이라고 믿고 있다. 그 당시 수행의 장애로 몸은 약해있었고 마음은 놀라 있었다. 오랫동안 떠돌며 방황을 하면 몸과 마음에 큰 병이 들 수도 있다. 관세음보살의 측은지심의 자비심이 어린 수행자를 불러들여 이끈 것이다. 노파의 눈을 바라본 순간 나의 모든 것들이 그 눈 속으로 빨려 들어갔을 정도로 눈매며 안광이 이상적이었다. 그 이후에 한 번 더 불보살님의 존안과 안광을 볼 수 있는 복이 있었다.

내 기도의 원력은 항상 성불과 교화다. 이 원을 가지고 세세생생 관세음보살과 함께할 것이다. 어느 불자님이 물었다.

"스님께서는 사후에 극락세계에 계시겠네요?"

아미타불이 관세음보살보다 높다며, 아미타불 수행을 권하는 한 거사님의 물음이었다.

아미타불과 관세음보살은 한 몸이면서 두 명호를 쓴

다. 아미타불은 내세의 극락왕생에 무게를 두고, 관세음은 현 수행의 깨달음 완성에 비중을 두었다. 아미타불과 관세음 명호의 공통점은 광명과 소리의 완성이다. 즉 광명과 소리를 이루었다는 것은 통달했다는 뜻이다. 광명과 소리는 생명의 근원이다. 생명의 근원이기에 무량광, 무량수가 되는 것이다. 관세음의 관觀은 빛이다. 광명이다. 관세음의 광명은 아름다우면서 위엄이 있다. 세음世音은 세상의 소리다. 세상의 소리를 다 듣는 분이 관세음이다. 소리는 마음이고, 마음의 광명과 소리를 통달하신 분이다.

사후에 나는 극락세계에 주소를 두지 않겠다. 어느 곳 어디에 있던지 관세음보살의 보처가 되고, 관세음보살을 모시고 끝없는 법계에 노닐며 많은 존재들을 이끌고 가르치고 이익되게 하는 어느 일정한 모습에 국한되지 않고 싶다. 불보살처럼 존경받기를 원치 않으며, 도인처럼 받들어 주기를 바라지 않고, 중생을 측은히 여기며 받들어 모시는 내가 되고 싶다.

기도하고 수행하는 일은 처음 시작 단계에 집중해야 한다. 기도를 마치는 회향도 중요하지만, 처음 시작에 힘이 많이 든다. 힘이 들기 때문에 작심삼일의 용두사미가 되기 쉽다. 또 이곳에서 백 일, 저곳에서 백일 하는 기도도 주위환경과 다른 인연 때문에 상황이 바뀌어 버리면, 처음 하는 것처럼 힘들고 어려워진다. 따라서 기도 도량을 너무 자주 바꾸어서 하는 것보다 한 도량에서 오래하는 것이 좋다.

성불만 해서는 안 된다. 반쪽 공부이다. 교화가 큰 그릇이다. 공부만 해서도 안 되며 열심히 공부하여 그 결과물을 세상에 내놓아서, 사람들에게 진리의 감로를 맛보게 하고 희망을 열어주며 미래의 꿈과 감동을 안겨주어야 한다.

이것이 큰 그림이고 이상적인 그림이다. 부처님께서도 뼈를 깎고 살을 에는 각고의 정진 끝에 성불하여 40여 년 동안 진리의 감로법 비를 뿌려 중생들을 깨치게 하여 올바른 삶을 살아가게 하셨다. 어두운 마음의 그림자를 걷어내어 맑고 밝은 삶을 영위하며, 중생을 교화하는 데에 일생을 바치셨다.

부처님처럼 새의 양쪽 날개, 수레의 두 바퀴가 되어야 한다. 인생의 일정도 모으고 쌓아놓기만 하면 되는 것이 아니라, 그 결과물을 나누고 더불어 살아갈 때, 그 인생은 복과 공덕이 비추어 빛이 나고, 삶은 더욱 아름다워지고 풍족해지는 것이다.

이제 포교당이 조금은 안정되고, 기도가 자리를 잡으니 사람이 찾아오기는 하는데, 돈을 동냥하거나 먹을 것을 구걸하고, 사업영업을 하는 사람들이 대부분이다. 이런 분들을 따뜻하게 맞이해 주었다. 이런 일들이 쌓이면 복이 되고 공덕이 쌓이는 것이다. 복과 공덕은 하루아침에 쌓이지 않는다.

어떤 날은 이렇게 말을 했다.

"큰절 큰 교회로 가시지요! 왜 작은 곳으로만 오세요?" 하고 말을 하니

"큰 곳은 우리를 거들떠보지도 않아요! 시선이 차가워서 서럽습니다."

요즘 세상은 겉모습에 중점을 많이 둔다. 일단 먼저 좋은 옷을 입고, 좋은 차를 타고, 큰집에 살아야 사람 대접을 받는다. 가난하면 대접을 받기 어렵다. 가난하게 살아봤기 때문에 잘 안다. 피부에 와 닿을 때도 있었다.

스님들도 옷을 잘 입어야 하고, 눈치도 있고, 차도 좋은 차를 타야 세상 사람들이 큰스님으로 본다. 큰스님은 도가 통하고 깨달음을 얻은 스님이어야 하는데, 큰절이 있고 호의호식하는 스님들이 대부분이다. 세상이 이렇게 변했다. 이러니 참다운 수행자, 도를 깨친 수행자는 더욱 출현 되기 힘들다.

스님도 절 주지를 맡아야 알아주고 받들어 모시지, 기도를 봐주는 스님이나 수행만 하는 스님은 낮게 생각한다. 그렇기에 죽기 살기로 큰절 주지와 권력을 잡으려는 것이다. 그것이 안 되면 죽는 줄 알기 때문이다.

물론 권력과 돈이 필요할 때가 있다. 불사를 이루기 위해서는 여러 힘이 필요하다. 권력이나 돈이 필요하거나 요긴할 때는 아낌없이 써야 하지 않을까! 물론 만인을 위해서. 권력과 돈을 믿고 경거망동하면 인생의 끝이 좋지 않다.

권력과 돈에 너무 치우쳐 살면, 권력과 돈을 가지려고 혈안을 세우는 사람이 되기 쉽다. 마음이 그곳에 멈추면 문제가 일어난다. 모든 이가 이것을 나눠가질 수는 없는 것인가?

권력과 돈에 의해서 이 사회는 깊숙한 곳에서부터 썩어가고 있다. 썩은 상처에, 바이러스의 고역에, 많은 이들이 뛰쳐 나와 괴로워하며 죽어간다. 깊이 썩었으면 둘 중 하나를 선택해야 한다. 버리던지, 큰 수술을 해야 한다. 버리면 중증환자가 되는 것이고, 설사 큰 수술로 다시 살아난다 해도 당분간 힘들 것이다.

인간의 심성을 봐야 하는데 그것은 뒷전이다. 많은 것이 근본부터 잘못되고 삐뚤어진 사회다. 돈과 권력이 없으면 그 인격을 바르게 취급 받기 어렵다. 낮게 본다. 돈이 많거나 세력이 있어야 사람들은 그에게 인사하고 모여든다. 소위 높이 본다.

불교가 세속화한 지 오래다. 좋은 옷을 입고, 비싼 차를 타고, 신도가 많은지, 절이 큰지, 이런 것부터 먼저 따진다. 사람 사는 곳에는 있을 법한 일이다. 그렇지만 속물이 올라와 승가의 눈을 더럽히고, 잠시 멍해지더니 생각이 여러 갈래로 흐트러져버린다.

신도 몇 명과 함께 유명한 기도처로 기도를 드리러 갔다. 종무소에 알리고 방도 배정받았다. 야외 석탑에서 저녁예불 시간에 맞춰 목탁을 치고 싶다고 하니, 신도들을 많이 데려오지 않았으니 안 된다고 한다. 갑자기 망치로 머리를 한 대 맞은 것처럼 띵하다. 말을 잊어 그 다음말을 잇지 못하고 씁쓸하게 되돌아 나온 일이 있다.

관음선원에 찾아온 걸인들에게 많은 돈을 못 드린다. 그 대신 떡과 과일을 챙겨드린다. 할머니처럼 머리가 흰 어떤 여인은 먹거리를 자주 드리니 주기적으로 찾아오셨다. 하루는 수중에 가진 것이 없어서 못 드린다고 하니, 인상을 찌푸리고 몸을 비틀며 생떼를 썼다. 꼭 받아 가야겠다는 눈치다. 다음에 오시라고 간곡히 부탁하니 다음엔 꼭 줘야 한다며 나가셨다.

나에게 법당에 있는 분(관세음보살)과 닮았다고, 웃으며 농담도 하는 여린 마음을 가진 소녀 같은 할머니다. 귀여운 숙녀다. 우리 사회는 이런 분들을 보듬어주고 다독거려주어야 한다. 그래야 재난과 재앙이 생기지 않는다. 아니 적어진다.

착한 생각과 행동들이 모이고 쌓여서 큰마음과 큰뜻을 이루는 것이다. 소외당하는 불쌍한 사람의 마음에서 나오는, 단절된 기운의 서러운 마음. 업신여김과 인간 취급을 받지 못하는 사람들이 품는 독한 마음의 기운이, 보이지 않는 세상에서부터 점점 병들게 하여 곪게 만드는 것이다. 재난과 재앙도 깊이 들여다보면 너와 나의 마음에서 나오는 것이다.

지금 돌아보니 포교당 3년 기도시절을 어떻게 버텼나! 의문이 든다. 인내의 세월을 감당하기가 벅찼지만, 나의 신심은 순수하고 그만큼 세상 물정을 몰랐다. 돈이 있으면 오래 버틸 수 있지만, 월세살이는 뻔하다. 집세를 내고 나면 겨우 살아나갈 수 있을 뿐, 저

축을 하기는 어렵다. 월세를 내는 날은 왜 그렇게 빨리 다가오는지.

원력(꿈)이 있었기에 포기하지 않고, 암담한 앞날에도 환한 광명을 바라며 전진하였다. 힘들면 잠시 숨을 고르고 쉬었다가 또 전진하며, 내 인생의 목표를 향해 자신을 만들어나갔다.

한 생각 잘못 내다가는 서울의 휘황찬란한 네온사인 야간업소에 빠져 불나방처럼 탐닉하다 제 죽을 줄 모르는 것이고, 살펴주고 감시하는 자가 없으니 나태하고 게으르게 살 수도 있었을 것이다. 혹 기도 시간을 빼먹고 돌아다녀도 되는데 먼 전생에서 수행했던 인연이 이 세상에 나를 옭아매 이 자리에 묶어 놓는 것 같았다. 포교당에서 여차해서 한 발을 잘못 디디면 타락의 길로 빠질 수도 있었다.

이곳을 포기하고 타락하면 나에게 손가락질을 할 그들이 보였다. 결국엔 그들만 즐겁게 해주는 꼴이잖은가. 오기가 생겼다. 혼자 있을 때는 부처님과 같이 있는 것처럼 생각하였고, 부처님 모습을 관觀하며 때론 관세음보살님과 대화를 나누기도 하였다.

인내하고 기다리는 것은 어렸을 때부터 조금 연습해 온 바가 있었다. 기다리는 것은 그렇게 어렵지 않았다. 학창 시절에 오랜 시간을 통학하였는데, 친구와 시골 집에 같이 가기 위해서는 방과 후 동아리 활동을 하는 친구를 2~3시간 동안이나 무작정 기다리곤 했다.

친한 친구를 기다리는 것은 혼자 심심하고 따분하기도 하였지만, 몹시 어려운 일은 아니었다. 나를 희생하면 친구는 어렵지 않게 사귈 수 있다는 것을 그때 배운 것 같다. 나의 이익과 편의만 생각하면 친구는 사귀기 어렵다.

지금은 그때와 사정이 달라졌다. 몇 시간이 아닌 몇 달 몇 년을 기다려야 한다. 기약이 없는 인내. 인내의 명언들을 되새기면서 성공하기 위해 애간장을 녹인 사십 대 초반의 스님이었다. 무엇이든지 곱씹는 시절이었다. 한 번에 되는 일이 없었다. 반복하고 반복해서 신도들과 함께 세상에 내놓는 시절이었다.

그렇지만 크게 힘들지 않았다. 오히려 좋을 때도 있

었다. 비록 작지만 내 힘으로 만들고 이끌어가는 그곳에 재미가 있었다. 허름한 방안엔 따뜻한 황토 온돌방이 있고, 그 방에서 몸을 지지며 몸속의 세포를 깨우면 마음이 받는 이익과 기쁨이 있었다.

최후의 승리는 인내하는 사람에게 돌아간다. 인내하는 데서 운명이 좌우되고 성공이 따르게 된다.

−나폴레옹−

인내하면서 시련을 이겨내고, 고독한 외로움에서 은사 스님의 표독스러운 말씀을 떠올리며 씁쓸한 웃음을 지었다.
"네까짓 게 무엇을 하냐."
이 말씀은 은사가 나에게 주는 진정한 가르침이요 명언이었다. 몇 번 실패를 보아온 은사의 열변이었다. 그러나 나는 포기하지 않는 삶을 살았다. 포기하기 전까지는 실패란 없다. 단지 성공으로 가는 단계일 뿐이다. 힘들었지만 그 과정을 두려워하지 않았다. 인생에서는 수많은 시행착오를 겪게 마련이다. 9전 10기의 인생을 오늘도 살아간다. 콧노래를 부르면서.

　도와주는 사람은 없었다. 다시 정신을 차리고 허공을 응시한다. 눈에 눈물이 고였다. 어렵고 힘든 세월이 지나자 어설프게나마 관음선원을 이루었고, 어리숙하지만 갖은 정성을 들여 만들어 올린 호떡을 맛있게 먹는 것처럼 행복했다.

　자신이 좋아하는 일을 해야 한다. 좋아하는 일은 노력을 더해도 힘들지 않고, 열정을 끌어낼 수 있는 원천의 샘이다. 돈을 벌어도 좋고, 돈이 안 돼도 좋은 일. 생각만 해도 기분 좋은 일. 가슴이 벅차고 적성에 맞는 일. 이런 일은 열정을 일으켜주니 노력하여 좋은 기술을 익히고 오랜 숙성기간을 거쳐, 때가 되면 큰 성공으로 이끈다.

　나는 사십 초반의 나이에 내가 무엇을 좋아하고 원하는지 알았다. 또 내가 잘하는 것이 무엇인지도 알았다. 내가 좋아하고 원하는 것은 마음이었다. 그렇게 갈망하고 찾고 싶었던 것은 무형의 마음이었다. 원하고 바라는 바 무형의 서러움과 답답함을 내 마음속에 깊이 간직한 채, 일깨워주는 이가 없어 스스로 찾아 나서야만 했다. 어떨 때는 흡사 사람이 백팔십도 변할 때도 있었다.

"네가 왜 그러니?"

하시는 어머니 말씀에 정말 나는 이상한 사람인가 하고 생각한 적도 있었다. 내가 바랐던 세상은 마음의 행복과 평화였고, 우리들의 사랑과 자비를 나 자신도 모르게 찾아 나선 것이다.

왜 그렇게 무거운 짐을 지고 살려고 했던 것일까? 그러한 사실은 알지도 못하면서, 보이지 않는 허망한 마음을 찾아 긴 여행을 떠난 나그네가 되었다. 때론 나를 죽여가며 방황을 하고, 바깥으로만 찾아 헤맨 것이다. 그러다 내 안으로 들어와 마음을 알고 나서 긴 세월의 방황에 종지부를 찍었다.

돌아! 너는, 이제 찾았다. 찾기 어렵고 이해하기 어려운 마음을 찾은 거야. 이제 우리의 평화를 위해 비상을 하지 않으련.

세상을 위하여

나는 마음 수행이 좋고 체질에 맞는 것 같다. 출가하기 전에도 깨달음의 병에 걸려 크게 망치고 죽었던 인생이다. 법을 전하고 교화하는 것을 일생일대의 숙원 사업으로 생각한다.

내가 좋아하는 일과 가야 하는 길은 정해져 있다. 인생이 딱딱하고 재미없지 않은가! 설사 그렇더라도 나는 가야 한다. 높은 산에 막히고 바다가 깊어 건너가지 못하더라도 부처님 가피의 힘으로 넘고 건너야 한다.

수많은 생을 이어 수행과 교화를 이루기 위해 지금의 출발점에 선 것이다. 대중 앞에서 법문하는 일은 기도의 힘이고 가피이다. 내면의 힘이 갖추어질 때 법문은 희망을 주고 감동을 끌어낼 수 있다. 연설의 필요성을 많이 느낀다. 절실하게 느낄 때도 있다.

선禪 수행자라 그런지, 처음엔 말을 많이 하는 것을 달갑게 생각하지 않았다. 어려서부터 말을 하지 않은 습관을 지니고 있어서 그런지 모른다. 말하지 않는 것이 더욱 익숙하여 학교에서 하는 스피치 교육을 거부하기도 하였다. 그러나 법을 전할 땐 말을 해야 한다. 선가에게서는 이심전심의 법인 마음에서 마음으로 전한다고 하지만, 만에 한 명일 뿐이다.

말을 통해서 교리를 가르치고 포교를 해야 한다. 지도자가 갖추어야 할 필수조건이 대중 앞에서 하는 연설이라고 한다. 대중에게 자기 뜻을 나타내고 미래를 제시하고 호소하고 표현하며 강력히 전달해서 그들의 감정과 마음을 얻어야 한다. 사람의 마음을 얻어야 하는 종교의 특성상, 대중 앞에서 감동을 주는 설법이 중요하다.

나는 발음이 잘 꼬이고 마음이 앞서서 설법엔 재능이 없는 줄 알았다. 꾸준한 발음 연습과 동영상의 스피치 교육, 체계적인 교육, 세계적인 강사의 책과 강의를 들으며 제스처를 사용하는 방법과 강조하는 법을 연습하니 이제 조금은 나아졌다. 이젠 신도들 앞에서 법문을 할 수 있게 되었다. 나의 법문을 좋아하는 분들도 생겼다.

내가 만든 작품 1호는 출판한 서적이라 할 수 있다. 책을 펴낸 것이다. 글과도 인연이 없었는데 책을 낸 것은 기적에 가깝다. 그렇지만 어릴 적에는 머릿속에 상상과 공상의 세계를 그리고 날개를 펴서 즐거워하며 자랐던 게 사실이다.

어느 강사가 말했다. 자기가 성공한 것을 글로 써서 세상에 내놓는 일처럼 부가가치가 큰 것은 없다고.

이제 세상에 나가 불법을 전해야겠다는 원대한 꿈을 꾼 나에겐 망설이거나 뜸을 들일 이유가 없었다. 가만히 있는다고 나를 알아줄 사람은 아무도 없다. 스스로 개척해 나가야 한다. 이런 삶이 나의 운명이란 말인가!

다시 노력이 시작되었다. 글을 쓰기 위한 독서와 동영상 강의를 듣고, 생각을 쓰고, 다시 쓰는 습작을 통해 문장을 읽고 다듬은 끝에, 수행자의 진솔하고 담백한 표현의 글을 써 책을 출판하게 되었다. 미사여구가 없는 날것 그대로의 글이다. 처음 내는 책이라 출판기

념회도 열었지만 형편없는 졸작이었다. 뒷날 이 책을 읽어보니 스스로 무안하고 얼굴이 화끈거리는 게 부끄러웠다. '글을 이렇게 못 쓸 수가 있단 말인가!' 하고 탄식을 했다.

그 후로 여러 권의 책을 내놓았다. 에세이, 소설, 경전 편주, 경전 해설서, 수행 안내서 등 종류는 다양했다. 수행체험과 이 마음 저 마음을 표현해 세상에 내놓은 것이다. 많은 이들과 공유하고 소통하고 싶었다. 이 책들을 발판으로 삼아 부처의 마음, 보살의 마음을 전하기 위해서였다. 생각을 모아 동분서주로 내달리는 청순한 천리마를 띄우고, 여의주를 거두어들여 세상에 나누어주는, 황룡의 신출귀몰하고 자유자재한 모습을 회복하고 나서 세상에 뛰어들고 싶었다.

오래전 나의 용은 양쪽 뿔이 잘려나간, 거의 죽음에 가깝게 눈이 먼 영혼이 힘을 잃어 쓰러진 일장춘몽의 가치 없는 용이었다. 기도로 거의 죽다시피한 용을 일으켜 세우고 뿔을 갖다 붙이고, 몸을 만들어 이어대고 빛과 혼을 다시 불어넣어 살려냈다.

죽었다 살아나기를 여러 번 반복하니 웬만한 장애와 시련에는 마음의 동요가 없었다. 나는 불사조의 빠삐용이 된 셈이다. 그렇다, 나는 나 스스로 옭아맨 마음의 감옥에서 탈출한 자다. 그 힘은 마음수행에서 얻었고 기도로써 이루어진 것이다.

출간한 책들은 이런저런 일들을 그냥 이야기하고 그려낸 창작물이었다. 이젠 이 책들이 세상 사람들에게 교훈이 되었는지, 작지만 행복과 감동의 글을 내놓은 것인지, 여의주를 잡고 다시 세속의 감옥을 탈출한 용이 되었는지를 스스로 재차 반문해 본다.

매일 세 번 네 번 기도를 올리며 목탁을 쳐대니 새벽기도 하러 오는 분도 있고, 사시기도, 저녁기도, 일요기도를 하는 분들이 오셨다. 많은 분은 아니지만 오는 분들은 나름대로 기도의 행복과 기쁨을 느끼는 것 같았다.

마음이 핍박해지고, 생활이 어려운 분들이 진정 매달릴 곳이 보살님이고, 정녕 의지하고 싶은 의지처가 부처님이 아닐까 생각한다.

한때 사업에 성공하고 그 성공을 마음껏 누리다가 뜻하지 않게 갑작스레 부도를 맞게 된 어떤 분은, 그야말로 빈손에 딸린 식구들과 초라한 단칸방에 어렵게 살게 되었다. 원망과 회한의 세월을 보내다가 생각을 다잡고 시간만 나면 절에 와서 기도를 올렸다. 간절한 기도 정성스러운 기도는 가피로 이어져 결국 높은 연봉을 받게 되는 소원을 성취하게 되었다. 지금은 자식들이 잘되고, 본인도 성공한 직장인이 되어 하루하루 열심히 살아간다.

기도는 처음 하는 시작 단계가 있다. 한순간에 기도가 이루어지는 일은 거의 드물다. 꾸준한 기도에서 힘을 얻고 소원성취를 한다. 그러다 보니 짧은 기간에 내 기도를 안 들어준다고 생각하면 기도 중간에 그만둘 수밖에 없다. 간절한 나의 마음을 들어주지 않는다고 생각하면 힘이 빠지고 기도 유지가 어려운 법이다. 쌀이 밥이 되려면 타오르는 불이 있어야 하고 시간과 뜸이 필요한 법이다.

쌀을 씻었다고 곧바로 밥이 될 수는 없다. 그릇에 담

아 활활 타오르는 불에 그릇을 올리고 그 불 위에서 쌀이 끓고, 끓은 다음에 뜸을 들여야 맛있는 밥이 되는 숙련의 과정이 필요하다. 쌀을 씻는 일은 기도에 입문하여 시작하는 단계이고, 쌀을 그릇에 담는 것은 자신의 원력(꿈)을 세우는 일이며, 쌀 담긴 그릇을 불에 올려서 가열하는 일은 계획을 세워 기도에 열심히 매진하는 일이다. 쌀이 끓는 것은 열정을 더 일으켜 자신의 기도 원력이 서서히 이루어지는 것을 뜻하며, 뜸을 들이는 일은 좋은 결과물이 나오도록 하는 시기와 마지막 때를 기다림이다.

기도도 이렇게 진행되어야 안전하고 빛을 볼 수 있다. 그래야 내 기도는 마음의 양식이 되어 깨달음의 성과를 얻고 소원성취를 하는 것이다.

기도인과 비非 기도인의 인생은 차이가 있다. 목표가 있는 인생과 목표 없는 인생은 그 삶이 다르다. 기도인은 인생의 노력형이고, 비 기도인은 인생을 개척할 의지가 없다고 볼 수 있다. 기도를 하는 사람과 안 하는 사람은 처음엔 차이가 날 수 있다. 기도하는 사람이 뒤처질 수 있다. 어떨 땐 기도를 안 하는 사람이 더 잘나가는 인생 같지만, 꾸준히 기도하는 사람은 분계점을 넘어서게 되면 인생이 원하는 방향으로 활짝 열리며 성공을 하는 것이다. 분계점은 기도인마다 다르다. 빠른 사람, 더딘 사람이 있으며, 시간과 때는 기도인에게 달려 있다. 얼마나 열정을 가지고 꾸준히 하느냐에 달려 있다.

목탁을 오래 치며 기도하다 보니 도심 포교원의 차갑고 막힌 기운이 따뜻하고 열린 기운으로 자리 잡아 바뀌었다. 기도하는 신도들의 마음이 안정되고, 가세가 일어나고, 병이 나아가는 일들이 일어났다. 암을 앓고 있는 불자는 관음선원에서 백일기도를 하고 검사를 받아보니 많이 나아졌다고 하였다.

전국 여러 곳에서 기도와 법회 참석을 위하여 새벽에 일어나 관음선원으로 출발하여 찾아들어오고 있다. 절 살림도 늘어나고 조금 더 힘을 더하면 원하는 불사도 이루어질 것 같은 생각이 들었다. 두 번째 책인 '관음경 해설서'를 출간할 원고를 마쳤다. 법문도 점점 나아지는 것 같았다.

언제부터인가! 천일기도를 거의 마칠 무렵인 시점에 좋지 않은 일들이 일어났다. 신도들 사이에 마찰이 생긴 것 같았다. 서로 간의 기 싸움인가. 두 패로 나뉘어져 간다. 두 마음을 하나로 맞추어 나가기가 힘들었다. 이때부터 안 좋은 흐름이 찾아오는 것이 보였다.

이상한 사람이 선원에 드나들며 어지럽히기 시작했다. 장애였다. 지금 생각하면 그 시절을 잘 이겨냈으면 더 좋은 사찰이 될 수도 있었을 텐데 하는 아쉬움이 들기도 한다.

소문이 무서웠다. 안 좋은 소문, 물론 과장된 소문이 퍼졌다. 안 좋을 땐 무엇을 해도 꼬였다. 마침내 천일기도 회향을 마쳤다. 큰 가피는 없었다. 평생을 정진하겠다는 원력을 세운 나에겐 천일기도 회향은 크게 기쁘지 않았다. 마음속엔 무언가 서운한 것이 자리를 잡고 있었을 것이다.

포교당에서 천일기도 하는 동안 긍정적인 마음으로 살려고 애썼다. 처음 시작한 포교가 원하는 대로 잘 될 수 있겠는가. 나에게 찾아온 운명은 시행착오를 겪어가며 매일 전진해나가는 일밖에 없는 것 같았다. 하루하루 열심히 살아가지 않으면 미끄러지고 타락할 수 있기에 한 길만 바라보고 최선을 다했다. 신심이라는 보이지 않는 최면의 큰 배에 기대서 말이다.

월세를 살면서 돈은 크게 쪼들리지 않았다. 그렇다고 풍족하게 쓴 것은 아니었다. 검소하게 살려고 애썼으며, 돈이 없으니 자연히 그렇게 되었다. 조금씩 모은 돈은 좋은 일에 썼다.

그러던 중 3년의 계약 기간이 끝나고 건물주인은 월세를 올려달라고 하였다. 이곳에서 계속 운영하려면 당연히 올려주어야 했다. 번민이 올라왔다. 3년 세월 동안 수행하고 포교하며 들인 공이 아까웠다. 그렇지만 크게 비전도 없는 곳에서 백만 원의 월세를 주며 재계약하기엔 스스로 마음을 이해시키지 못했다.

인근 다른 도심으로 이사를 할까 생각했다. 아니 문을 닫을까도 고려하였다. 힘들고 어렵게 차렸는데 하는 생각에 눈물이 앞을 가렸다. 이사를 하더라도 여전히 월세살이라니. 세를 살아보신 분은 알겠지만, 이런 저런 주인의 눈치를 보게 된다. 아는 가뜩이나 눈치가 빠른데, 눈치 볼 게 많으면 피곤하다.

눈치보기는 나의 장점이자 단점이다. 한때 방황하던 시절에도 눈치가 너무 빠르고, 거절하지 못했기 때문에 손해를 많이 보곤 했다. 이젠 월세살이가 싫어졌다. 작더라도 우리 집에서 포교와 수행을 하고 싶어졌다.

그 이후로 이곳저곳을 찾아다녔다. 물론 기도 후의 일이다. 할 일이 있다고 해도 나의 주업인 기도와 참선을 빠트려서는 안 된다. 이것이 프로이다. 프로의 정신으로 살아야 삶의 의욕과 발전이 있다.

천일기도 이후로 비로소 아마추어에서 벗어나 정식으로 프로로 데뷔한 것 같았다. 아마추어도 나름대로 순수하고 수행자의 정신이 특출하지만, 우리라는 큰 숲을 바라보고 가꾸려면 프로의 기술과 정신 그리고 열정이 필요한 것 같다.

인터넷으로 매물을 찾고 발품을 팔아 답사하고 부

동산에 문의하였다. 그전에 토굴을 지어 살던 곳도 다시 찾아가 보았다. 모든 곳이 여의치 않았다. 한동안 두문불출하며 지내고 있는데 전화 한 통이 왔다. 암자 짓고 살기가 좋은 곳이 있다고 한다. 땅 주인이 암자를 짓고 살려고 하였던 곳이라며 소개를 한다.

곧장 찾아갔다. 3월 하순이라선지 찾아가는 길은 멀고 주변의 큰 산에는 눈이 아직 하얗게 쌓여있고, 불어오는 찬 바람이 얄밉게 느껴졌다. 찾아간 곳은 강원도 양구 월명리 두메산골로 오지 중의 오지였다. 이십여 년 전만 해도 버스가 들어오는 길이 없어서 산길을 걸어서 읍내에 볼일을 보러 다녔다고 한다.

월명리에 들어서려면 일단 큰 고개를 하나 넘어야 했다. 큰 고개를 넘어 내려가면 삼거리가 나온다. 차를 타고 큰 고개를 넘어 내리막길을 내려가는데 그 기운이 사뭇 달랐다. 읍내보다는 조금은 더 추운 것 같고, 말로 표현하지 못하게 강하면서도 선선하고 오묘한 기운이 마음에 느껴왔다.

이런 기운은 처음이었다. 뭔가 특이했다. 청정지역

이어서 그런가. 오염되지 않은 공기 덕인가. 사방은 산으로 둘러쳐있고 마치 거대한 구름과 그의 자식들의 모임 같았다. 절터 가까운 근처에 차를 세워놓고 산길을 걸어 올라갔다. 관리하지 않아 풀숲이 되어 있었다.

마른 풀잎을 헤치고 산길을 5분쯤 걸어 올라가니, 토굴을 지을 만한 곳에 도착하였다. 주위엔 키 큰 낙엽송이 우거져 있다. 사방은 산으로 둘러 있고, 서 있는 자리에서 앞쪽을 바라보는 순간, 큰 전율이 흘러왔다. 앞은 시원하게 틔어 펼쳐져 있고 그 앞산은 올록볼록 예쁘게 나오거나 들어가 있었다. 나의 영혼이 호강하는 느낌을 받았다. 기쁜 마음에 한순간 아무 생각 없이 혀를 내둘렀다.

"아~~ 이곳이다!"

이것저것을 따져 볼 것도 없다. 무슨 설명도 들리지 않았다. 한순간 그 땅과 나의 마음이 하나가 된 것이다. 나와 맞는 땅을 찾았다! 수행자를 보호하고 이익을 주는 땅, 만나기 쉽지 않은 명당을 찾은 것이다. 땅의 가격이나 조건 등은 귀에 들어오지 않았다. 바라보면 그냥 마음이 좋은 곳이었다.

산이 하늘과 맞닿아 마음이 활짝 열리는 곳. 복사꽃 떨어지는 대지를 시샘하는 처녀의 마음. 허공을 보자기에 담아 끌어안은 마음. 따뜻한 마음으로 끌어안은 젖과 꿀이 흐르는 땅. 순진한 수행자에게 기회를 주는 대지와 산천초목에 감사했다.

돌아! 인생은 두드리는 사람에게 기회가 오는 것이란다. 그 기회가 어떤 것인지는 모르지만 너는 일단 기회에 오른 것이야! 인내하고 인내하여라!◯◯◯

서울로 올라왔다. 때마침 이곳에서 포교원을 운영하고 싶다는 스님이 나타나 돈을 받지 않고 무상으로 넘겨주고 천일기도 회향일 다음날, 간단히 이삿짐을 싸서 양구로 떠났다.

백일기도 하기도 쉽지 않다. 어떤 일인들 쉽겠느냐마는 기도는 자신과의 싸움이고 시간과의 싸움이다. 그리고 주어진 조건과의 싸움이다. 이 싸움은 단거리일 수도 있고 장거리일 수도 있다. 그렇다고 간단하게 단거리에서 이겼다고 자만해서는 안 된다. 자신의 업이 지중하기 때문이다. 단거리를 이겼다고 만사를 이긴 것은 아니다. 기도한 기간만큼의 인센티브는 있는 거다. 그 기도로써 더 나은 수행과 인생의 발전을 기대해야 한다. 이것이 기도의 순수한 목적이라 할 수 있다.

단거리 선수가 그 경기에서 이겼다고 연습과 달리기를 게을리하면 그 선수는 도태되어 사라질 것이다. 꾸준한 기도인이 되어 보시라고 권한다. 한순간에 이루겠다는 마음은 조바심과 장애를 불러일으킨다. 짧은 시간에 이루어 마치려는 것은 집착과 욕심이 대부분이다. 진심 어린 수행인의 마음과 자세가 필요하다.

씨를 뿌리고 잘 가꾸어야 나중에 열매도 실하고 풍성하다. 씨 뿌리고 바로 얻으려면 얻기도 힘들 뿐더러 부작용이 드러난다. 괴롭다. 고통스럽다. 열매가 아름답지 않다. 그러니 길게 보고 가야 한다. 인생 전반에 걸쳐 기도라는 수행의 동반자를 세워놓고 같이 가야 한다. 그래야 인생이 행복하고 평화로운 깨달음을 얻을 수 있고 소원성취를 할 수 있다.

장거리인 마라톤은 뛰기 힘들다. 쉽게 도전하기엔 힘에 부친다. 뛰다 중간에 그만두기 쉽다. 그렇지만 마라톤은 육상의 꽃이다. 힘든 여정을 이겨내고 결승 테이프를 끊는 순간 해냈다 하는 성취감과 많은 부상을 얻을 수 있다.

문제는 다가서기가 쉽지 않다. 어렵다. 하기 싫다. 죽을 것만 같다. 처음부터 한 번에 다 뛰려고 해서 그렇다. 연습이다. 꾸준한 연습. 습관의 힘은 나를 물건으로 만들어 나아가 큰 재목으로 자리매김을 하게 한다. 안 될 것 같은 것도 꾸준한 연습이 있으면 반드시 해낼 수 있게 된다. 그만큼 습관에는 오묘한 에너지가 갈무리되어 있다.

기도도 마찬가지다. 처음부터 큰 성과를 내려고 하면 하다가 지치고 중간에 그만두기 십상이다. 그러면서 기도에 효험이 없다고 한다. 기도는 어느 정도 자신의 업장이 녹아야 기도성취를 이룬다. 그동안만은 오직 기도에 집중해야 한다.

꾸준히 하는 기도는 좋은 습관을 만들고, 좋은 습관은 매일 신선한 황금알을 낳는다. 신선한 황금알은 자신의 마음에 쌓이고, 신선한 마음은 삶을 풍족하게 하며 인생을 행복하게 하고, 너와 나를 평화스럽게 한다. 사랑을 주고 받는 사람이 된다.

꾸준히 하는 기도에 열정을 일으키면 이루지 못할 일이 없다. 할 수 있다는 믿음이 필요하다. 불도佛道에 출가하기 전, 잠시 단전호흡을 공부한 적이 있다. 게송을 외고 되새기면서 수행을 하니 얼마 지나지 않아서 인체의 부양을 체험했다. 단전호흡도 믿음이 없으면 이루어지지 않는다. 하물며 삼라만상의 근원과 마음의 왕인 불도를 닦는 일이겠는가!

서울에서 회향한 천일기도는 꿈길을 걷는 모험이기도 하였다. 모든 여건이 부족한 상태에서 시작하였다. 어설펐다. 하지만 내가 원하던 삶으로 걸어갔다. 그래서 나를 한 단계 더욱 성숙시켜주는 발판이 되었던 것이다.

수행과 교화의 원력으로 첫발을 디딘 파랑새의 마음. 그 마음을 울리는 싱그러운 지저귐은 젊은 수행자의 한을 조금쯤 녹아내리게 한 것 같았다. 젊은 수행자는 더 큰 세계를 체험하기 위해 설레는 마음을 안고 사명산으로 다시 입산하였다.

제3장

십 년 기 도

재입산

인간이 한 분야에서 최고가 되려면 1만 시간을 투자해야 한다고 한다. 이는 맬컴 글래드 웰이 2009년 발표한 「아웃라이어」에서 빌 게이츠, 비틀스, 모차르트 등 시대를 대표하는 천재들의 공통점을 설명하기 위해 제시한 '1만 시간의 법칙'이다.

이 책에서 글래드 웰은 타고난 천재성보다는 여건과 노력이 성공의 비결이라고 했다. 1만 시간은 대략 하루 3시간. 일주일에 20시간씩, 10년간 연습한 것과 같다고 한다. 그러나 10년간 1만 시간을 노력한다고 누구나 최고가 될 수는 없다. 타고난 재능이 조금은 있어야 하고, 어렸을 때부터 형성된 가치관과 습관도 상당히 중요하다.

특히 불교의 수행은 시간만 투자한다고 해서 최고가 될 수는 없다. 마음을 받아들이는 타고난 자질이 약하고, 마음의 굳은 결심이 없으며, 건성건성 겉으로 도는 공부는 집중력이 없어 수행의 핵심을 모르기 십상이다. 더욱이 집중력을 끌어내는 열정 없인 깨달음을 얻기 어렵다.

집중력과 열정은 수행의 좋은 결과를 가져온다. 그러나 집중력과 열정이 있다고 해서 깨닫는다고 단정하기는 어렵다. 믿음이 없는 수행, 보살심이 없는 수행은 좀처럼 깨달음을 얻기가 힘들다. 그래서 불법수행이 어려운 것이다.

깨달음은 내 의식의 마음과 우주 법계인 허공이 합쳐져 안과 밖이 개혁되는, 내가 가지고 있는 천지 우주의 관념이 바뀌면서, 개인적으로 대혁명이 일어나는 시기이다. 그렇기에 깨달음은 이 세상을 가지고 우주를 가지는 거와 같다.

집중과 열정의 시간만으로는 쉽게 뚫리지 않는, 비록 작은 마음일지라도 그 철옹성의 크기와 단단함은 실현해 보지 않은 사람은 모른다.

그러면 왜 이렇게 어렵고 힘든 일을 해야만 하는가?
나의 본모습을 알지 못하고 보지 못하면,
일평생 고통 속에서 살아가야 하는 때문이다.
무엇 때문에 고통을 받는가도 모르고서 말이다.

이 세상에 무엇 하나 쉽게 그냥 얻어지는 것은 없다.
밥을 한 그릇 먹더라도 쌀을 얻어 그릇에 씻어서 불에
앉히고 끓은 다음에 뜸을 들여야 한다. 몇 번의 수고
와 공정이 들어가지만, 사람들은 밥하는 것이 힘들다
고 밥을 굶지는 않는다. 왜냐하면 우리는 밥을 먹어야
생명을 유지하며 살아가기 때문이다. 먹어야 생활에
활력을 얻고 인생을 설계해 나간다.
 사람들은 마음의 중요함을 모른다. 나의 마음이 무
엇인지 모른 채 일평생을 살아가는 사람도 있다. 관심
이 없다. 몸을 건강하게 유지하고 보호하고 가꾸는 데
에는 많은 시간을 들인다. 한평생 몸만 가꾸다 한순간
삶이 지나간다. 그러나 내 몸은 나의 마음이 만든 것
인 줄 모른다. 마음의 부속물이 내 몸이다.

정녕 나의 주인은 마음이다. 이 마음에 관심을 주지 않고, 대부분 욕심으로 일관된 삶을 살아간다. 문제가 되는 것은 마음이 아프고 다쳤는데도 치유하지 않는 현실이다. 세월이 지나면 더 큰 아픔을 겪고 큰 병이 찾아온다. 나중엔 치유하기 어려운 현실이 도래할 수도 있다. 이기적인 욕심이 많은 현실 세상은 더욱 그렇다.

사람은 누구나 생각하고 판단하는 의식의 표층적 마음뿐만 아니라 태곳적 아름다움을 간직한 본래 마음을 가지고 있다. 그렇지만 사장되어 있다. 깊숙한 곳에 묻혀 있다. 이 본래의 마음을 회복하여 순수하고, 행복하고, 평화로움을 되찾아야 한다. 본마음이 원래 갖춘 순수함과 행복함과 평화로움을 되찾으면 많은 것을 얻을 수 있다.

매일 배고프면 밥을 먹듯이 청정하고 광활한 마음을 매일 바라보고 느끼면 세상을 마음대로 하는 황제도 부럽지 않고, 이 세상 그 누구도 무엇과도 바꾸기 싫을 게다. 바라보고 느끼는 곳에서 행복감이 충만히 밀려와 풍요롭고 평화스러움에 벅차 우주의 진리와 질서를 바라보고 우주의 보호를 받는다. 순수함에서 창조적 정신을 갖추며 내 인생의 참다운 주인공이 되는 것이다.

불교 수행의 결정체는 깨달음이다. 수행자의 소원이고 희망이다. 깨달음을 얻을 때 비로소 은하수의 별을 얻는다. 인생의 대변환 시기는 깨달음에서 온다. 아이에서 진정한 어른이 되는 순간이다. 부처와 바라보는 시각의 수준과 의식이 비슷해진다.

깨닫기 위해선 우선 집중과 열정이 필수다. 집중과 열정은 꾸준한 습관과 노력으로 만들어진다. 꾸준한 습관과 노력은 마음의 본 상태인 텅 빈 공성을 드러나게 한다. 이 청정한 공성으로 확고한 수행의 믿음을 얻고 대 서원을 발한다. 대 서원의 확고함이 굳어지고, 공성이 주는 환희심에 더욱 더 집중과 열정을 일으키는 것은, 자신이 지은 나쁜 습관에 이끌리지 않고, 자신에 의한 수행을 할 수 있기 때문이다. 수행이 몸과 마음에 붙은 것이다.

불교 수행은 눈으로 보이지 않고, 생각으로 가늠할 수 없는 마음을 닦고 뚫는 것이기에 쉽게 깨달음에 이르게 되지 아니한다. 이에 타고난 자질이 있어야 한다. 운명적 노력과 태양의 자질이 함께해야 이상적이다. 운명의 노력만 있고 빛나는 태양이 없으면 헛수고요, 노력은 하지 않고 타고난 자질만 믿는다면 결국 자신의 재주에 속고 마는 일이다.

타고난 자질 그리고 집중과 열정은 깨달음을 얻는 확실한 증표이다. 마음 수행은 타고난 자질에 큰 점수를 준다. 이런 수행자를 법기法機라고 했다. 법의 재목이다. 법의 그릇이다. 우리는 불성을 가진 존재들이다. 겉으론 자질이 드러나지 않더라도 큰 자질을 품고 있는 이들이다. 스승의 지도로 꾸준한 노력과 집중 그리고 열정을 일으켜 수행하면 반드시 깨달음을 얻을 수 있다.

불교 수행은 재주가 그렇게 필요치 않다. 자기의 작은 재주가 수행의 길을 막는 것을 자주 보았다. 수행은 재주를 익히는 것이 아니다. 잔재주를 좋아하지 말

라. 마음을 바라보고 깨달음을 이끄는 것이다. 재주는 없어도 차라리 우직한 소의 발걸음처럼 포기하지 않고 한 발 한 발 내딛는 힘과 정성이 수행에 도움이 된다.

타고난 자질이란 무엇인가. 한마디로 말하자면 선근 공덕이다. 크게 깨친 분들은 전생에서부터 닦은 선근 공덕이 많은 분이다. 석가모니 부처님과 그의 법을 이은 조사들과 역대 선지식들이 그런 분들이다.

한 예로 협존자를 들 수 있다. 협존자脇尊者는 서천의 제10대 조사이다. 그는 81세에 출가를 하였다. 이에 젊은이들이 비웃으며 말하기를, 출가인의 업이란 첫째로 선을 닦는 것이요, 둘째로 경전을 외는 것이거늘, 이제 늙고 쇠잔하였으니 무슨 진취가 있으랴며 비웃었다.

존자께서 이 말을 듣고 맹세하기를 "내 만약 삼장경론을 통하지 못하고 삼계의 욕을 끊어 육신통과 팔해탈을 갖추지 못한다면 결코 옆구리를 땅에 붙이지 아니하리라." 하였다. 낮에는 교리를 연구하고 밤에는 선을 닦아 마침내 3년 만에 맹세한 바를 모두 깨달아 얻으니, 그때야 사람들이 우러러 공경하여 협존자라고 불렀다.

협존자가 81세에 출가를 하니, 말 많은 비구들이 비웃었다는 내용이다. 출가수행이라는 것은 총기가 있을 때 경전도 외워 배우고 참선도 하는데, 이제 다 늙은 몸으로 어떻게 수행하려고 하느냐고, 나이만 보고 비웃는 말에 협존자는 낮에는 경을 외고 밤에는 참선하여 눕지를 않고 정진 수행을 하여 육신통과 팔해탈을 얻어서 도업을 성취하였다.

협존자는 전생의 선근공덕이 있어 비록 연로한 나이에도 불구하고 불도를 성취한 것이다. 이것이 선근공덕의 힘이다. 80세가 넘어 수행하는 것은 쉬운 일이 아니다. 전생부터 닦아온 공덕이 있기에 비록 늙은 몸으로도 이룰 수 있는 것이다. 그래서 선근공덕 없이 닦는 것은 열심히 할 뿐 큰 소득은 없다 했다.

나에게 선근공덕이 없어도 수행을 하면서 공덕을 심으면 되지만 결과를 얻으려면 시간이 걸린다.

선근공덕이 있는가를 확인할 방법은 없는가?

첫째.

불도를 믿어야 한다. 불도는 마음이다. 마음은 일체 모든 것을 만들어내고 포섭한다. 마음의 부처를 믿는 것은 선근공덕이 없이는 안 된다. 아무리 좋은 가르침과 훌륭한 곳으로 이끌어도 믿고 가지 않으면 아무런 소용이 없다. 말보다 마음 씀과 행이 따라줘야 한다.

『유교경』에서 부처님께서 말씀하셨다.

나는 어진 의사와 같아서 병을 알아 약을 주노니, 약을 먹고 먹지 않는 것은 환자에게 달렸을 뿐 의사의 허물이 아니다. 나는 좋은 길잡이와 같아서 좋은 길로 사람을 인도하나 듣고서 가지 않는 것은 길잡이의 허물이 아니다.

두 번째.

선근공덕이 있는 자는 선행과 선심을 실천한다. 착한 마음과 착한 행동은 선근을 성장시키는 데 일등 공신이다. 선근을 키우면서 두터워진다. 특히 수행자는 선근이 있어야 장애를 잘 풀어주는 역할을 하고, 타락하고 쓰러질 때 일으켜 세우고, 수행의 성취를 이룰 수 있다. 남을 돕는 마음과 행동, 희생, 효행, 긍정적인 마음, 이웃을 위한 따뜻한 마음, 가까이 베푸는 보시, 측은지심의 마음 등이 그것이다.

세 번째.

전생부터 닦은 선근공덕은 수행의 이력이다. 선근공덕은 수행의 마음을 일으키게 한다. 무엇이든 하루아침에 이루려면 착오와 실망이 앞선다. 건물의 삼층이 아름답고 멋지다고 해서 1, 2층을 무시하고 허공에 바로 3층을 지을 수는 없다.

도면도 그리고 기초도 다져서 건물을 올려야 한다. 수행도 그렇다. 수행한다고 바로 깨달음을 이끌기는 어렵다. 전생부터 닦아온 이력이 있어야 한다. 전생에 닦아온 이력은 도면과 기초이고, 선근공덕은 1, 2층이다. 금생에 수행하여 3층을 완성해야 한다.

전생에 수행의 방법을 닦아야 빠르다. 전생 수행법을 찾는 방법은 선지식의 안목에 의지하고, 처음에 접한 수행법은 크게 틀리지 않는다. 그리고 관심을 두는 수행법은 그전부터 해왔던 수행이다.

이 세 가지의 선근공덕과 포기하지 않는 강한 인내력을 가지면, 수행은 깨달음으로 이끌 수 있다. 사자와 용의 기상을 가지려면 먼저 용두사미가 되려는 것을 막아야 한다. 그것은 자신의 마음을 믿는 것이다.

최고가 되기 위하여

양구로 내려왔다. 불자님이 제공한 집에 머물며 공사 현장으로 출퇴근을 했다. 새벽에 일어나 예불하고 기도하고 참선하는 일을 게을리하지 않았다. 큰 나무를 정리하고 땅을 평평하게 다듬으니 그럴싸한 도량으로 변모했다. 작지만 바라보기만 해도 흐뭇하다. 오래전 목숨을 걸고 정진할 토굴을 마련하려고 제주도, 울릉도까지 찾아다녔다. 그러나 찾지 못해 아쉬움만 키웠다. 고향 근처에 간신히 마련한 토굴이 있었지만, 인연이 다하여 오래 살지 못한 아쉬움이 남아 있었다. 이 도량으로 이젠 여한이 풀어진 것 같다.

깨달음을 얻은 것만 같았다. 주위에 있는 큰 소나무와 낙엽송도 춤을 추듯 반갑게 맞아 주는 것 같아서 내심 든든했다. 척박한 땅에서 자란 이들은 관리를 받지 않아서 그런지 왠지 외롭고 쓸쓸해 보였다. 하지만 신선하고 깨끗한 공기가 이들을 강하게 키워냈으리라 생각했다.

곳곳엔 넝쿨들이 앞뒤를 분간하지 않고 뻗어 있어 사람의 손길이 닿지 않았다는 것을 증명해 주었다. 팔이 하나 잘려 나간, 불쌍하지만 왠지 굳세 보이는 외팔이 소나무. 풀 넝쿨로 온몸을 치장한 늘씬하게 잘빠진 모델 같은 낙엽송. 때 묻지 않은 순수자연이 좋아서, 이곳에 첫발을 디딘 수행자에게 올라오는 뭉클한 감성에는 생기가 흐르고 벅찼다.

이곳에 들어가면, 나를 단련하고 담금질해서 빛을 발하는 금인金人으로 새로 태어날 것 같았다. 그사이 산새들도 잊지 않고 갖가지 소리를 즐겨 내었다. 꼭 나에게 이익 되는 광명을 눈과 귓가에 쏘아 주는 것같은 황홀함에 휩싸였다.

주위 환경과 사명산의 기운에 나의 몸과 마음을 맞추어 나갔다. 큰대大 자로 서서 사명산 곳곳의 기운을 스캔하고 받아들였다. 뜻을 가진 수행자가 이곳을 쓰겠다고 토지 기운과 산의 기운과 동물들이 사는 자연에 겸손하면서도 힘차고 우렁차게 신호를 보냈다. 보면 볼수록 마음을 뺏아 간 이 목너머 계곡에서 아침 일찍 수행하고는 밖으로 나와 앞산을 보며 춤을 추기 시작했다.

이 춤은 마음을 조작하지 않은 무위의 춤이고, 선정 속에서 올라온 환희심의 발로인 춤사위였다. 원효 스님도 대둔산 태고사에 올라 앞산의 봉우리들을 보고 너무 좋아 춤을 췄다는 이야기가 있다. 사명산에 흐느끼어 귓전을 때리는 바람은 무애가요, 앞산의 올록볼록한 법의 기세 속 산새는, 거리낌 없는 춤을 추게 하는 마음속에, 철부지 동자승의 한이 서려 있는 양했다.

깊은 산속에 집을 지으려고 하니 어려운 점이 많았다. 길을 닦아야 하고, 전기를 끌어와야 하고, 물을 끌어들여야 했다. 길은 그전에 마을사람들이 쓰던 길을 다듬어 사용하였다. 외길이지만 큰길에서도 편리하게 들어왔다. 물은 절 근처에 샘물이 있어서 주위를 깊이 파서 탱크 통을 묻었다. 물이 시원하고 맛이 좋았다. 모든 분이 물맛이 좋다고 하였다.

전기도 근처 땅 주인의 배려로 쉽게 끌어올 수 있었다. 전기가 들어오는 날 환한 전등빛을 보며 문명의 힘에 감사함을 느끼며 눈물을 훔쳤다. 세상을 얻은 것처럼 환희심이 솟았다. 그만큼 이곳 사정은 절박했다. 전기를 항상 쓰고 접해서 전기의 소중함을 몰랐는데 전기가 없으니 불편한 점이 많았다.

전기를 끌어오기 전에는 발전기를 돌려서 공사를 해냈다. 비가 며칠 동안 내리는 날에는 공사를 쉬고 관세음보살을 모셔왔다. 홀로 복장의식을 하고 점안식을 치렀다. 발원문에는 이렇게 적었다.

'견성성불 중생교화'

나는 기도하기 전 발원문을 여러 번 적은 적이 있다. 처음에 출가하고 수행을 하러 다니던 시절, 한 암자에서 칼로 손을 그어 혈서로 발원문을 쓴 적도 있고, 보리암 기도인 시절엔 관세음보살 친견을 발원한 적도 있다. 수행하기 위해선 발원을 세우도록 권한다. 수행에 많은 도움이 되고 발원문처럼 되어가기 때문이다.

드디어 힘겨운 공사가 끝나고 읍내에서 이사차가 들어왔다.

손수 신경을 써서 만든 어려운 작품이었다. 빼어난 산세가 품은 수행처의 명당이다. 이곳에서 나는 십 년의 기도와 수행을 이루어냈다. 그리고 외로움과 시련의 고통을 느끼고, 그동안 체험하지 못한 수행의 체험을 하였다. 가난과 풀리지 않는 인생의 그늘에서 목놓아 운 적도 있으며, 소중한 세 분을 떠나보내야 했다.

어느 날은 박장대소하며 밖으로 나가 법열의 춤을 췄지만, 어떤 날은 절규의 피눈물을 흘릴 때도 있었다. 다 부질없는 일이지만 이렇게 극과 극을 오고 가도 나는 창공을 자유롭게 나는 파랑새가 되고 싶고, 여의주를 쥔 황룡이 되어 세상에 나가 불법을 펼치고 싶었다. 사람들에게 감동과 희망을 주는 불법을 이끌고 싶었다.

돌아! 불법은 돌고 도는 거야! 한 곳에 애착하여 마음을 다치지 마라.

석가모니 부처님도 이루지 못한 두메산골에서의 불교, 친절한 불교, 모시는 불교의 모태를 사명산에서 찾고 싶었다. 그동안의 실망을 이겨내고 다시 채찍을 내리쳐야만 했다. 나를 내리치는 채찍질은 나의 숙명인 것 같다. 먼 전생에서부터 이어온 숙명.

　원효의 해골 물은 깨달음의 채찍질이지만, 내가 토해낸 유심조唯心造의 깨달음은 아쉬움만 남았다. 그 아쉬움은 이곳에서 덜어내고 찍어 붙이고 다시 떼는 작업을 통해 자연에 동화되어갔다. 불심과 하나가 되어 천지 우주의 장벽을 거두어내어서 때깔이 고운 자태를 끌어내고, 순수한 백색 속에 숨어 있는 강렬한 태양의 광명을 돌출시켜야만 했다.

　10년이란 기한을 정하지 않았지만, 어느덧 10년의 세월이 흘렀다. 지내고 보니 나는 가만히 앉아 있었지만, 흘러가는 구름과 바람이 일으키는 소리에 눈을 떠 보니, 티끌 같은 시간의 점들이 공간에 뒤섞여 세월이 흘러갔으며, 산천초목의 변화무쌍한 모습 속에 나를 뉘었더니 울고 웃는 나를 발견한 것뿐이었다.

어라! 무슨 한이 그리 사무쳤길래 산을 보고 춤을 추고 별을 보고 소리 질러 누더기 보름달을 훔치려 했는가!

읍내에서 들어온 이삿짐을 정리하고 자리에 누웠다. 다음날 새벽에 무거운 몸을 일으켜 예불하고 기도를 드렸다. 기도 자리를 옮겨서 그런지 힘이 들고 어려움이 많았다. 간신히 기도를 마치고 방으로 돌아가는데 몸이 잘 움직이지 않았다. 힘에 부쳤다.

몸을 낮추고 바닥에 손을 짚어가며 거의 기다시피 방으로 돌아왔다. 이렇게 이곳에서의 수행생활 1일이 시작되었다. 며칠 동안은 힘이 달리고 기도 중에 번뇌가 올라왔다. 좌선 수행도 번민의 세력이 커서 뜻대로 세밀하게 정진을 이어가지 못했다.

나 자신을 스스로 일으켜 세우고, 채찍질하고, 뺨을 때리며, 허벅지를 꼬집고 머리를 벽에 찧으며 일념을 만들고자 애를 썼다. 이렇게 계속 이어져가는 정진은 밥을 끓여 먹고 빨래를 하는 사이에 힘이 붙어 나갔다. 수행은 일상생활 중에 이어져 나가야 참 힘이 붙는다.

공부에 사이가 없게 하려고 몸과 마음에 간절히 정성껏 이어져 붙여 나간 어느 날 밤 꿈속에서도 한없이 염불하고 있었다. 꿈속에서 더불어 나의 입에서는 자면서도 염불이 터져 나왔다. 이럴 때의 표현은 뭐라 말로 할 수 없는, 오묘함이 샘솟는 허공의 우물을 얻는 것 같았다고 말할 수 있을까!

때로는 밤을 새고, 때로는 늦은 밤까지 밀어붙이니 마음은 기쁘고 수행은 즐거웠다. 끝없는 날들을 수행을 할 것이며 부처님을 모시고 살겠다는 서원을 세우는 순간, 밀려오는 서러움에 대성통곡을 통해 방언이 터뜨려져 버렸다.

이때부터는 콧노래가 흥얼흥얼 나오기 시작하고, 관세음보살로 노래를 지어 부르고, 얼싸 하며 법의 즐거움에 젖어 춤을 추었다. 청정한 허공에 담긴 멋진 산을 넋 놓고 바라보기도 하였다. 산봉우리 위로 지나가는 갖가지 모양의 구름을 누워서 보며 "야~ 극락세계가 따로 없다!"며 무릎을 치고 탄성을 내뱉었다.

이른 아침 산허리를 일자로 감싼 안개는 천상의 세계와 음악을 들려주는 듯 입술이 저절로 움직였다. 한가한 시간에는 낙엽송 아래에 앉아 잘 잡히지 않는 라디오 주파수를 맞춰가면서 '거위의 꿈'을 듣고 나의 원력이 꼭 이루어지도록 기도를 드렸다.

법당에 계신 관세음보살과 대화를 나누고, 자신과의 법거량을 통해 '할'을 지를 때 소리가 허공에서 울려 퍼져나가는 것을 보고 들었다. 어느 날인가, 법당에서 큰소리로 관세음보살을 끊임없이 부르는 순간, 나의 염불 소리가 몸에서 붕 퍼져 나와 우주 속으로 들어가는 동시에, 나는, 나의 염불 소리에 깜짝 놀라고 말았다. 거대한 울림이었다.

그전에 답답하던 것들이 한순간에 씻겨 내려갔다. 득음을 한 것이다. 나도 텅 비고, 공간도 텅 비고, 우주도 텅 비었다. 나의 염불소리는 우주의 관음 진신에 전달하여 서로를 감지하고 마음을 전하고 받았다. 신비로운 체험 속에서 몇 번 더 강하고 부드러운 염불소리를 내뱉었다.

내가 사는 곳은 사명산 '목넘어 계곡'이다. '목넘어'란 해가 떴다 지는 길목이라 지어진 이름이라고 한다. 계곡이 깊고 물이 맑고 차다. 그리고 힘차다. 한여름에도 계곡 근처에 앉아 있으면, 에어컨처럼 시원한 바람을 즐길 수 있다. 시원하고 맑은 물이 일년 내내 흘러내린다. 그래서 계곡물 흐르는 소리가 귓전에 끊이지 않으니 소리명상을 하기에 안성맞춤이다.

처음에 집을 짓고 살 땐 청개구리가 많았다. 청개구리들도 가만히 살펴보면 생긴 모습이 제각기 다르고, 무늬며 색깔도 각기 달랐다. 이것이 자연과 생명의 조화일까. 금와보살처럼 금색을 띤 청개구리도 많았다.

밤엔 하루살이나 나방을 잡아 먹으려고 큰 창문에 붙어서 기어 오르내리는 것이 보여 눈에 거슬렸는데, 참 재주가 많은 개구리 같았다. 먹고 살려고 그런 것인가! 청개구리가 희한한 것은 목탁 소리를 들으면, 어디에 있든지 목탁 소리에 맞춰 울어대고, 음향을 스스로 조절하니 신기할 수밖에 없었다.

이곳엔 다람쥐도 많았는데 환경이 척박해서 그런지 다른 지역의 다람쥐보다도 체구가 작았다. 다람쥐와 함께 뛰노는 도량, 자연이 살아있는 이곳에서 전생에서부터 이어온 인연이 있는 것같이 느끼곤 하였다.

수행하려면 자연으로 산속으로 들어가 수행하시기를 권한다. 석가모니 부처님도 보리수나무 아래에서 큰 깨달음을 얻으셨다. 서울 도심에서도 살았지만, 집중적으로 공부하기엔 여건들이 좋지 않다. 공기도 좋지 않고 시끄러우며 사람들이 많다. 수행하는 상황을 만들어 주지 않는 것 같다. 일단 마음의 고요함을 얻기에는 산속처럼 좋은 곳이 없다. 물론 도심에서도 수행이 안 되는 것은 아니지만, 확실한 깨달음의 뒷받침을 해주는 곳은 자연이고 산중이다.

산색은 부처님의 참된 몸이고
계곡 물소리는 관음의 끊임없는 설법이네.
개구리 다람쥐 눈에 띄는 깨달음의 소식인 것을.

계곡 물소리 들으며 산중에 살면 도안道眼이 맑아지고 자연히 도가 열리는 것이다. 자연이 주는 청정한 향기와 하늘까지 올라간 공간의 친화력은 보는 이로 하여금 환희심과 마음이 열리는 인연을 가져올 수 있다. 그래서 그런지 어릴 적부터 이런 환경에서 자란 원주민들은 도인의 기운이 강하다.

設無道行설무도행이나 住山室者주산실자는
衆聖중성이 是人시인에 生歡喜心생환희심한다.

비록 큰 수행은 없더라도 산실에 머무는 사람은
모든 성인이 이 사람에게 환희심을 낸다.

산속 절집의 바람 부는 풍경소리는, 법음法音으로 바뀌어 청정한 마음을 콕 짚어주고, 산 깊은 곳에 자리한 절집은 그 자체가 법성法性으로 바뀐 부처님의 화현이다. 이런 생활을 오래 하다 보면 자연히 한순간 마음을 돌이킬 날은 올 것이다. 깨달음이 어렵다고 하지만 한마음 돌이켜 놓으면 착착 붙어 맞아떨어진다.

볼일이 있으면 읍내에서 장을 보기도 하고 다른 볼일을 보기도 한다. 그럴 때면 기운의 차이가 나는 것을 많이 느꼈다. 관음선원이 있는 곳에선 강하고 오묘한 기운을 느끼는데, 밖으로 나가면 평이한 기운을 느꼈다. 수행하면서 이런 일을 체험하기는 처음이었다. 그래서 산세나 명당처를 찾는가 보다. 느끼는 기운이 천이하게 달랐다. 이곳에서 나가 바깥세상에선 무엇이든지 할 수 있다는 오만한 생각이 들기도 하였다.

이럴 때면 "휴~~" 숨을 깊게 내뱉기도 하고 "아니야!"를 외치며 머리를 흔들었다. 마음 수행은 자신을 다스리고 절제하는 데 있다. 어디에 있든 무엇을 하든지 오만함은 멀리 여의어야 할 감정이다. 그것을 느끼곤 다시 정진에 몰두하였다.

깊은 산속에 젊은 사람이 들어앉아 사니, 주위 사람들이 '내가 무엇을 하는지' 궁금한가 보다. 가끔 찾아오는 이들이 있다. 대부분 두 가지 질문을 한다.

첫째는, 혼자 사는데 무섭지 않으냐? 둘째는, 이곳

에서 무엇을 하느냐? 나는 전혀 무섭지 않다고 했다. 그것은 사실이다. 무서울 수도 있겠으나 마음 수행하면서, 무서움을 느낀다면 이곳을 떠나지 않겠는가. 훗날 이곳으로 이사를 온 어느 보살님은 처음엔 큰 칼을 들고 다녔다. 궁금해서 왜 들고 다니냐 물으니 "무서워요." 그랬다.

이 말을 듣고 나도 무서워졌다. 산짐승 들짐승과 함께 살고 있으니 무서울 만도 하다. 한번은 아랫집 늙으신 보살님이 밭일을 하고 있는데, 어디서 큰 멧돼지 한 마리가 나타나 주위를 휘젓고 다니더란다. 얼마나 놀라셨는지 한동안 밖으로 나오지 못하셨다고 한다. 산속엔 무서운 짐승도 있고 뱀도 있다. 무서움이 많으면 생활하기가 불편하다.

처음엔 이 깊숙한 곳에서 사는 사람이 없었다. 대부분 무섭다고 했다. 나는 무섭지 않고 정말 좋았다. 마음엔 신심이 있기 때문이다. 내가 들어오고 나서 한 집씩 들어오기 시작했다. 공기가 좋고 물이 좋으니 정말 살기 좋거든요.

"무엇을 하느냐?" 는 물음엔 "부처 되는 공부를 한다." 라고 하면 빤히 쳐다본다. 이런 사람 저런 사람, 여러 부류의 사람들이 찾아온다. 한 번은 이가 다 빠진 나이가 지극한 보살님이 젊은 남자 한 분과 오셨다. 이런저런 얘기 중에, 왜 떠돌아다니는지 알고 싶다고 물었다. 이것을 아는 분을 스승으로 모실 것이라고 했는데, 그분에게는 신기가 가득하다. 배가 고프다길래, "밥 차려드릴까요?" 물으니 "나는 국수가 좋아요." 한다. 얼른 국수를 말아서 드리니 "참! 마음이 착하네요." 하더니, 얼른 한 그릇을 비우고 가셨다.

이제 좌선에도 힘을 얻어 번민은 사라지고 공부가 잘 잡혀 나갔다. 하지만 공부가 잘되다가도 어려움에 봉착할 때도 있다. 미세한 번뇌는 아직 남아 있었다. 미세 번뇌가 올라올 땐 스스로 정신을 다잡고 마음 깊숙이 간절하게 정진을 이어가야 한다.

참선은 한순간 자성에 계합을 하는 깨달음의 일이지만, 그러한 인연이 없을 때는 스스로 꾸준히 닦아 나가야 한다. 그러한 인연이란 스스로 계합을 하거나,

나를 지도하는 선지식의 인연이다.

희한한 일은, 기도를 하든 좌선을 하든, 나를 쳐다보는 영가들이 많았다. 밖에서 나를 보거나 안으로 들어와 정진하는 것을 빤히 바라본다. 어느 날은 같이 앉아 기도하고 좌선을 했다. 기도를 시작하면 또다시 많은 영가가 찾아와 나를 쳐다보고 앉는 이도 있고, 떠나는 이도 있었다.

이근원통

육조 혜능 대사에게는 금강경의 인연으로 일생에 두 번 깨달음이 찾아왔다. 한번은 출가하기 전, 관숙사에 나뭇짐을 부리다가 금강경 독송 소리를 듣고 깨쳤고, 한번은, 스승인 오조 홍인 대사의 "머무는 바 없이 마음을 내라"는 금강경의 가르침을 듣고 크게 깨닫고 오도송을 읊고 육조가 되셨다.

이러니 혜능 대사는 금강경의 훌륭한 가치를 잘 알고 있고, 금강경 수행만으로도 견성할 수 있다며 굳게 자신하였다. 나에게도 관음경 독송으로 인하여 두 번의 소식이 찾아왔다.

능엄경의 25가지 수행법 중 하나인 관세음보살이 깨달음을 얻은 수행. 대지혜 문수보살이 가장 뛰어나다고 하는 이근원통이다. 아난존자의 깨달음을 얻게 하기 위한 법문이다. 아난존자는 다문제일로 부처님의 법문을 많이 들었지만, 수행을 하지 않아 깨달음을 얻

지 못했다. 듣는 것만을 좋아한 아난존자를 위해 이근
원통을 설한다.

이근耳根은 귀이 글자 뿌리근 글자로, 말 그대로 귀
의 뿌리이다. 귀의 뿌리는 어디 있겠는가! 바로 마음
에 있다. 소리를 듣는 것은 귀를 통해 마음이 듣는 것
이다.

원통圓通은 두루 꽉 차서 통하지 않은 곳이 없다는
뜻이다. 관세음보살은 원통 교주, 우주의 모든 세계에
그 몸을 나투지 않는 곳이 없다. 원통을 전문용어로
진공묘유라 할 수 있다. 텅 비어 있지만 오묘한 기운
들이 가득한 허공이 그것이다. 이근원통은 소리를 들
으면서 텅 빈 마음을 보는 것을 말한다. 즉 견성의 다
른 말이다.

관세음보살 칭명 염불을 하면, 자신의 염불소리를
들을 수 있을 것이다. 그러면 이근원통 수행의 기초가
된다. 이근원통은 소리 수행이다. 염불 소리를 들어서
듣는 것이 이루어지면 듣는 귀는 내면으로 옮겨진다.
귀를 거치지 않고 곧바로 마음이 듣는다.

이럴 때 마음은 텅 비어 공명의 울림이 있다. 이때 우리가 말하는 소리가 입이나 혀에 달려 있지 않음을 깨닫게 된다. 마음에 공명이 울리면 이근원통의 핵심인 반문문성反聞聞性 (듣는 것을 돌이켜 듣는 성품을 듣는다)이 이루어진 것이다.

듣는 것을 돌이켜 듣는 성품을 본다. 이것은 견성과 같다. 마음 안과 마음 밖이 같아지기 때문에 먼 곳의 소리도 듣고, 인간이 듣지 못하는 소리도 듣는다. 눈을 잃어버리고 수행하여 천안을 얻은 아나율 존자의 수행과 같은 도리이다. 이것은 마음과 허공이 하나이기 때문이다.

쉽게 말하면 소리로써 텅 빈 자성을 깨닫는 것이 이근원통이고 반문문성이다. 듣는 것과 보는 것은 같다. 하나로 통해 있다. 그 하나는 마음이다. 소리를 듣고 깨닫는 것을 이근원통, 빛을 보고 깨닫는 것을 회광반조라고 한다.

빛과 소리를 함께 깨닫는 것은 관세음이다. 관세음은 빛과 소리의 합작품, 곧 관음수행이 훌륭하고 위대하다는 것을 말씀드리는 것이다.

소리를 음미해 보자.

소리를 마셔 보자.

소리를 만져 보자,

당신은 새로운 세계에 눈을 뜰 것이다. 아픔과 고통은 없어지고, 몸과 마음에 힘을 얻으며, 텅 빈 당신의 마음을 바라보고 큰 기쁨을 얻을 것이다.

제4장

시 련

물

밤에는 칠흑처럼 어둡다. 검은 하늘이 좋다고 말할
수 있을까. 순수하다고 할까. 검은 배경엔 내가 아닌
남이 더욱 드러난다. 그래서 더욱 좋다. 저녁기도를
마치고 밖으로 나오면, 검은 하늘이 넓게 펼쳐져 있
다. 하늘이 날 놀라게 하려는 생각이 들 때도 있다. 칠
흑 같은 밤하늘엔 온갖 별들이 총총히 떠 있고, 은하
수들이 선명하게 수놓아 있었다.

북두칠성, 너의 별, 내 별, 카시오페이아 자리 등 별
이 쏟아진다는 말이 맞다. 별들이 그렇게 많다는 것을
새삼스레 알았다. 보름달까지 뜨면 청정한 자연과 하
늘의 아름다움을 마음껏 감상한다. 순간 밤하늘의 차
가운 공기가 마음으로 들어와, 지친 수행자의 감정을
시원하게 뻥 뚫어준다. 행복한 미소가 저절로 지어진
다. 사람들이 정신이나 마음에 병을 얻는 것은, 자신
의 마음을 닫아, 자연을 즐기지 못하는 속앓이를 하기

때문이다.

나의 마음 안에는 자연 치유의 연결 프로그램이 있다. 대부분 모르고 있으며 마음 치유 프로그램을 사용하지 않으려고 한다. 마음 밖에서 알아서 찾아오기를 기다리는 신세인 것이다. 아픔이 더해지고 집착을 길러낸다. 마음 치유 연결 프로그램은 마음을 열기만 하면 프로그램이 자동으로 작동을 한다. 그리고 평화와 행복을 느끼게 된다.

이제는 근거리에 가로등이 있어서 그전만큼 기분 좋게 하늘의 별을 감상하기 어렵다. 이곳에 들어온 지도 벌써 십 년이 지났다. 세월이 무상하고 빠르다는 것을 새삼스럽게 느끼곤 한다.

생명이 죽음에 점점 가까워지니 시간을 빠르게 느낀다. 내가 살아온 공간이 넓다는 것을 인정하는가! 십 년 세월 동안 많은 일이 있었다. 진리의 깨달음! 그 기쁨에 벅차서 눈물을 흘리고 춤을 추며 허공과 함께한 좋은 시간도 있었지만, 벽에 머리를 부딪치고 털썩 주저앉아 괴로움에 울부짖은 나약한 사내도 있었다. 사랑하는 이들을 떠나보내는 아픔이 골수에 사무친 시절도 있었다.

좌절과 시련은 누구에게나 찾아 온다. 가지고 있는 포부가 크면 클수록 좌절과 시련은 더욱 커질 수 있다. 절망하여 무너지거나, 아니면 시련을 이겨내어 승리자가 되는 일은 오직 나 자신에게 달려 있다.

나는 점차 배워 나갔다. 수많은 좌절과 시련을 통해서.

그것을 헤쳐나가는 방법을 터득하고, 고독 속에서 빛을 바라는 영감을 얻는다. 그 방법은 수행을 통해 마음을 다스리며, 될 때까지 버티는 것이다. 그러면 나쁜 습관은 노력과 열정으로 바뀌어 힘이 되고, 좋은 시절이 도래하여 나의 세상은 찾아올 것이다.

이것은 나 자신에게 내려주는 배려이며 은혜이다. 더욱 완성되고 크게 만들어 가라는, 부처님이 나에게 주시는 큰 선물이다. 나는 생각한다. 이 모든 즐거움과 고통이 부처님께서 나를 직접 가르치고, 인내를 배워 더욱 성숙시키려는 교육의 현장인 것을. 내면에서 휘몰아치며 강하게 일어나는 깊은 한숨도 그것을 감지하고 있었다.

돌아! 멀고 높이 나는 새는 그만큼의 고통을 겪어야 완성되는 거야. 미운 오리 새끼처럼.

생활하면서 생명을 유지하려면 인간에게 꼭 필요한 것이 있다. 물이다. 물은 공기와 함께 생명 있는 존재에게 없어서는 안 되는 중요한 존재이다. 지구의 생명이 출현한 역사에는 물이 있었다. 물 없이는 생명 유지가 불가능하다.

한 예로 인간의 몸속에는 70%의 수분이 포함되어 있다. 생명을 유지하기 위해서 물을 섭취해야 하는 것은 필수조건이다. 약수로 병을 치료하고, 온천으로 건강을 돌보고, 암을 치료하는 것은 과학적으로도 증명이 되었다. 물속에는 H_2O 라는 화학성분 외에 핵산, 단백질 등 신비한 물질이 녹아 있다.

옛날. 오랜 세월 병고를 앓고 있는 아버지께, 깊은 계곡에 흐르는 맑은 물을 떠다 드렸더니, 그 물을 마시고 병이 깨끗이 나았다는 이야기가 있다. 나중에 알고 보니, 곰 즉 웅담 물을 마셨던 것이다.

물은 지금도 미래에도 깨끗하게 유지 관리하는 것이, 우리 인류에게 큰 선물을 안겨주는 것이다. 건강 유지는 물론 양질의 생명을 보장받을 수 있는 것이다.

수행자에게 있어서도 물은 없어서는 안 될 필수요건이다. 차를 우려 마시기도 하며, 물에서 맑음을 얻는다. 옛날 스님네들은 만행을 할 때 또는 깨끗하지 못한 물을 걸러 마시는 호리병을 가지고 다녔다 한다. 좋은 물만 있어도 단식하기에 좋은 여건이 되기도 한다.

처음 이곳에 들어와서는 물 때문에 고생을 했다. 물의 질은 참 좋다. 찾아오시는 분마다 물이 좋다고 한다. 문제는 물의 양이다. 옛날 같으면 물을 긷고 나무하는 것은 조사의 가풍이었지만, 요즘엔 대부분 현대식으로 바뀌었다.

물을 내려 먹는 우물은 팠지만 깊게 파지 못해서 쉽게 말라 버렸다. 물이 다 말라 떨어지면 우물을 찾아와서 물통을 확인하고 하늘을 보며 한숨을 짓고, 물통에 귀를 갖다 대고서 물 떨어지는 소리가 들리기만 기다리며 물통에 온 신경이 쓰였다.

답답한 나의 마음을 알았는지 우물에 내가 나타나면 산새들이 시끄럽게 우짖어댔다. 그러면 피식 웃으며, 초조하게 타들어 가는 수행자의 마음을 부끄러워하곤 했다. 가뭄이 겹쳐 오래가니 이젠 더는 기다릴 수만 없었다. 물통을 사서 가까운 계곡으로 물을 떠 나르기 시작했다.

오랫동안 수염을 깎지 못해 산적 같은 얼굴을 한 채, 물통을 들고 깊은 계곡으로 내려가 물을 길어다 먹었다. 난생 처음 물을 길어 먹는 신세가 되었다. 이것도 감사하게 여기리라. 계곡물도 없었다면 집집으로 다니면서 물을 구걸해야 될 뻔했다.

물을 길러 다니기도 보통 어려운 것이 아니었다. 특히 빨래를 하려면 큰 대야 안에 빨랫감을 넣고 내려가, 차가운 물로 빨래를 하면 손이 시렸다. 따뜻한 봄 기운이 강한데도 계곡물은 왜 그리 차가운지. 다 하고 돌아오면 땀이 비 오는 듯하였다.

빨래 하나 집어 들고 한숨 내쉬니
한숨은 곧 관세음보살로 변하네.
평평한 돌에 올려놓고 비누칠하니
검은 눈 곤줄박이 깔깔거리네.
나의 광명을 이어받고
마음은 평상심 바위에서 새똥을 바라보네.
걸쭉한 것을

물을 아껴 쓰는데도 왜 그렇게 헤픈지 모르겠다. 하루하루가 물과의 전쟁이었다. 물이 떨어지면 걱정과 한숨이 이어졌고, 하늘을 원망하며 비 소식을 기다리는 철없는 수행자였다.

몇 날 며칠이 지나고 비가 세차게 쏟아져 내려 물통에 물이 다시 꽉 차게 되면, 흙놀이 행사를 치러야 했다. 며칠 동안은 흙탕물을 빼내야만 한다. 수도꼭지를 온종일 틀어놓고 변기의 물을 쉴 새 없이 흘려 버려야 맑은 물을 쓸 수 있었다. 그래도 흙물은 쉽게 빠지지 않았다.

이쯤 됐으면 물을 소중하게 써야 하는데 말이다. 흙탕물이라도 넘쳐서 흘러가는 모습이 아까웠다. 머나먼 전생에 나는 물을 가볍게 여기고 하찮게 생각하고 있었을 지도 모른다. 항상 보이는 물이라고 우습게 여기고, 그 물을 마시면서도 소중하고 고마움을 모르는 거지 나부랭이었을 것이다. 이 인과응보로 나는 물에게서 호되면서도 차가운 진정한 가르침을 받은 것이다.

물을 고맙게 생각하고, 아름답게 봐야 한다. 물의 고마움을 모르면 언젠간 물이 주는 쓰디쓴 독배를 마셔야 할지 모른다.

물이 마르고 다시 물이 차는 여러 차례의 반복으로, 직접 물을 길어 나르면서 부처님의 가르침을 실천하는 동안 차차로 사명산과 조금 더 친숙해졌다. 사명산을 알고 깊이 친숙함을 느낀 일은 빨래를 하던 시절이었다. 깊은 냇가에 내려가 빨래를 해보았는가?

정말 입에 단내가 날 정도로 힘들었지만, 그런 생활 속에도 운치가 있고, 교감이 있고, 행복과 평화가 있었다. 나는 말로 표현할 수 없는 기가 막힌 감정을 느낀 것이다. 산속으로 들어오기를 참 잘했다고 생각했다. 몸은 고되었지만, 정신과 마음이 다시 태어나는 기분이었다. 마치 초심의 행자처럼.

시련이 없는 성공이 있을 수 없고, 고독이 없는 완성이 있을 수 있겠는가. 계곡의 흐르는 물소리를 들으며 빨래를 담가놓고, 때론 콧소리 입소리를 흥얼거리면 산새들이 지켜보며 반갑게 울어주기도 했다.

쪼그리고 앉아서 빨래를 하며 산 위를 쳐다보는 행복감과 풀벌레 소리의 외로움. 그렇게 수행하며 신심이 우러나는 수행자의 삶을 살았다. 내 13년의 기도생활은 이 세상 무엇과도 바꿀 수 없는 큰 전환기에 놓여 있었다. 가기 싫어도 가야만 하는 전생의 빚을 갚아야 하는 필연. 내 인생의 목표 지점을 향한 코뿔소의 뿔처럼 혼자 가는 외로운 여정이었다.

물의 시련은 나중에 큰 물통을 한 개 더 깊이 묻어서 해결을 했다. 이젠 그전의 어려움은 잊고 물을 편히 쓴다. 산속 물이라 달고 맛있다. 그러나 물의 고마움은 가끔 나의 마음으로 들어와 고요하게 울려 퍼지곤 한다.

사람

군자는 대도행이라 했다. 편리하고 쉬운 샛길, 지름길을 마다하고, 정문인 대문을 향해 나아가기 위해 이곳으로 들어왔다. 그러나 대문으로 향하는 여정은 녹록하지 않았다. 처음부터 시작하는 일이기 때문이다. 특히 길과 땅으로 인해 여러모로 어려움이 많았다. 그 어려움도 기도와 수행으로 이겨냈으므로, 지금, 이곳에 앉아 있다.

산 위에 위치하는 곳이라 길이 구불구불하다. 옆에 있는 땅 주인의 배려로 전기도 잘 끌어들였고, 길도 저만치 돌아가지 않고 바로 올라와서 고마웠다. 절에도 다닌다고 하니 불자로서 공경해야 할 일이다.

하지만 1년쯤이 지나가자 땅 주인의 본색이 드러났다. 본인의 땅을 팔겠다고 하고 나는 사겠다고 하였다. 수중에 가진 돈은 없었지만, 지인이 뭐 도울 일이 없느냐는 말씀을 기억하기에, 사정 이야기를 하니 대번에 알았다고 한다. 그 소식을 땅 주인에게 전했다. 그 인연으로 땅 주인 그리고 친척들과 저녁공양도 맛있게 먹었다.

그 이후에 땅을 시주하겠다는 불자님의 연락이 없었다. 땅 주인 쪽에서도 일이 진행돼야 하는데, 기다려도 사겠다는 사람인 나에게서 연락이 없으니 답답할지도 모른다. 나는 상황을 직감하고, "시주자에게서 연락이 없네요." 말씀드리고 나의 사정 이야기를 드렸다. 어쩔 수 없지 않은가. 돈이 없는 것을. 하지만 그쪽에서는 내가 돈을 가지고 있으면서 일부러 그러는 줄 아는 모양이었다.

어느 날 오후, 땅주인이 왔다. 기도 시간에 목탁을 치고 있는 나를 밖으로 불러내더니 길을 내어준 현장으로 내려갔다. 그곳에는 네 명의 사람들이 같이 있었다. 모두 그 보살님이 불러온 사람들이었다. 마을에 사는 부부 두 명, 모르는 사람 두 명이었다. 그때 모르는 여자분이 소리를 질렀다. 목소리가 거칠고 상스러웠다.

"아니! 어느 미친년이 밭 한가운데로 길을 내주냐고."

"땅 주인이 내주니까 내가 다니지요. 그냥 어떻게 다니겠습니까?"

훗날 생각해 보니 나에게 땅을 팔려고 길을 내준 것이다. 언성을 높이며 땅 주인이 이야기했다. 단호한 말투였다.

"나는 내 준 적이 없다."

다시 한번 그 여자분이 거칠게 말했다.

"어떻게 밭 한가운데로 길을 내주겠냐고. 미친년이 아니고선."

"땅 주인이 길을 내주지 않았는데 내가 어떻게 다니냐고요? 내가 여기 들어온 지 일 년이 지났는데, 아무런 말씀도 없다가 갑자기 왜 그러시는지요?"

갑자기 땅 주인이 나에게 삿대질을 해댔다.

"불자라고 하시는데, 그러시면 안 됩니다. 기도하는 중에 스님을 불러내서는 이게 뭡니까?"

나도 큰 소리로 말했다. 그러고는 뒤돌아 법당으로

올라왔다. 뒤에서 남자가 큰소리로 잔인한 말을 나에게 퍼부었다.

"사기꾼이네!"

그렇지만 이 말에 욱하고 올라오는 것은 없었다. 바람이 나의 귀를 타고 흘러갔다.

훗날 남자는 나를 똑바로 바라보지 못했다. 땅 주인의 동생이 어느 날 나에게 이런 말을 던졌다.

"우리 언니는 화가 나면 낫을 들어요."

나에게 겁을 주는 말인가 싶지만 상관하지 않았다. 나는 그저 착하게 살고 순진하게 살아갔다. 바보처럼 말이다. 그들의 눈에는 내가 약해 보이고, 말만 하면 해달라는 것은 모두 해줄 것으로 보였을 것이다.

세상을 살면서 이런 일은 처음 당했다. 사실 내가 이런 상황을 맞이할 줄은 몰랐고 풍진세상을 살아갈 줄도 몰랐다. 이제까지 내가 살아온 삶은 온실 속에서 제멋대로 하고 살았는지 모른다. 공직자인 아버지 품에서 철없이 나약하게 자랐는지도 모른다.

선을 베풀면 복이 오고, 악을 베풀면 재앙이 온다. 보살은 가르친 바대로 살아야 한다. 이 말씀을 마음에 품고 살았지만, 세상 사람들은 대부분 이렇게 살지 않는 것 같았다. 고지식한 나로선 이해하기 어려웠다. 나의 머리를 더 당황하게 한 것은, 악을 행한 사람이 선을 행한 사람을 욕하고 나무라는 것을 보았을 때였다. 정신적 혼란이 왔다. 내가 잘못 생각하는 것일까? 이건 아닌데, 세상이 어떻게 돌아가는 것일까? 언제쯤이면 정상으로 돌아올까?

그들에게도 양심은 있을 것이다. 정말 오랫동안 나의 마음을 괴롭혔다. 무엇이 진실이고 거짓인지 몰랐다. 암흑의 시간이 지속 되자, 방황하지 않고는 미칠 것 같았다.

예전에도 그래서 출가를 결심했었다.

한동안 힘들고, 괴로웠다. 그 땅을 사야 불사를 진행하는데 그것이 남의 손에 들어간다니 서럽고 미웠다. 내가 무슨 잘못을 했길래 이러는 것일까. 나는 단지 가난한 수행자일 뿐이었다. 세상은 가난한 자에게 너그럽지 못하고 냉혹하다. 비싼 수업을 치렀다.

가난한 자에게 베풀 덕이 그들의 마음에는 없었다. 며칠이 지난 날, 기도를 끝내고 창문 너머로 그곳을 바라보았다. 설움이 떠올랐다. 그 자리에 주저앉아 대성통곡을 쏟았다. 한동안 꺽꺽 울었다.

시간이 흘렀다. 나에게 거칠게 '사기꾼'이라고 말한 사람들은 부부인데 그 사람이 그 땅을 사서 들어왔다. 세상일이란 요지경 속이다. 그러면 그렇다고 이야기를 하면, 남의 땅을 쓰던 길이니 비켜주지 않겠는가. 땅을 산다고 해 놓고 못 산 일도 미안한데 말이다.

때때로 인생은 변칙적으로 흘러간다. 내가 원하지 않는 방향으로 흘러가 실망의 아픔을 밀어준다. 그래서 인생에는 정답이 없는 것 같다. 그저 그날그날 최선을 다해 살아가면서, 그것으로 만족을 느끼는 마음을 만드는 것은 어떨까.

무언가 기대를 걸면 일이 틀어져서 실망하게 된다. 일이 틀어지면 짜증이 나고 화를 분출할 수도 있다. 큰 기대 속에서 큰 실망이 급하게 다가온다. 내가 살아온 나날이 그러했다. 집착과 기대는 일을 틀어지게 만드는 일등공신이었다. 집착과 기대를 놓고 올라오는 편안한 마음으로 한 생각을 챙길 때, 거기서 나는 살아있는 것을 알고 행복을 느끼고 성취감을 맛보았다. 또 멈췄던 일이 흘러 성공적으로 이루어지는 것을 보았다.

이러한 연고로 훗날, 월명리 이장님의 따뜻한 마음을 느끼고, 사랑스러운 배려로 편리하게 다닐 수 있는 포장된 길을 얻었다. 일이 틀어지면 실망하지만, 보따리를 싸서 떠나겠다고 마음만 먹으면 나쁜 상황은 그만 멈추었다. 다시, 하던 일이 잘 풀렸다. 이 계곡에서의 삶이 그렇다. 그렇게 살아온 십 년의 기도 세월이 흘렀다.

누구를 원망할까? 모두 그대가 만들어놓은 엉겨 붙은 실타래인 것을. 꼬인 실타래를 싹둑 잘라내려고만 하지 말고 가만히 앉아 인내심을 가지고 풀어볼 생각은 없는가?

잘라내면 단절되는 것이고 단절되면 끊어진 것이다. 끊어지면 관계가 끊어지고 관계가 끊어지면 복과 운이 다니는 통로가 없어지는 셈이다. 결국 나만 손해다. 관계가 끊어진 상대편은 다른 좋은 인연의 연결고리가 이어지지만, 나는 속 시원하고 편한 것 같지만 함정에 빠진 것이다. 한동안 단절된 채로 살 수 있다.

인내심을 가지고 풀려고 했으면 그 당시는 힘들고 어렵지만 관계가 지속될 수 있다. 스스로 이겨내는 공을 들였기 때문에 복이 일어나고 큰 운이 살아나기 시작한다. 인생이 좋은 쪽으로 성공의 방향으로 흘러간다. 스스로 풀어냈기 때문에 관계의 권한은 내가 쥐게 되어 있다. 이때 필요 없는 사소한 것들은 단호하게 없앨 수 있다. 관계에도 기술이 필요하다.

땅을 산 부부는 이제 가끔 계곡으로 들어와 농사를 짓는다. 이분들 때문에 힘든 일도 많았다. 국유림을 건드려서 안정되게 살아가는 수행자의 삶에 풍파를 던지기도 했다. 이것도 수행 일부라 생각하면 그나마 스스로 위로를 할 수 있다. 물론 어이가 없어 하늘을 보고 웃기도 하고, 얼굴을 단정하게 하기 어려울 때도 있었다.

이웃을 잘 만나야 한다. 착한 사람을 만나야 사는 게 부드럽다. 모난 사람이거나 시기가 강하거나 악한 사람을 만나면 사는 것이 힘들다. 사는 자체가 스트레스요, 부딪쳐 얼굴을 보지 않으려고 애를 쓴다.

기생하여 남이 이루어놓은 것을 자기가 이룬 것처럼 마냥 속이고 거들먹거리는 사람도 있다. 남에게 알게 모르게 기생하려면 머리가 비상하게 잘 돌아가야 한다. 눈치도 빨라야 하고, 강한 척을 해야 한다. 때로는 비열한 말과 행동도 서슴지 않고 해야 한다. 그런 인생은 부끄럽고 악행이다.

스스로 인생을 개척하는 사람은 자신의 힘을 이끌어 쓰는 사람이다. 남의 인생에 기생하여 살아가는 사람보다 든든한 생각을 하고 있다. 남을 이용해 무엇을 하려고 하지 않는다.

신용과 신뢰를 바탕으로 사람들에게 믿음을 주고,

그에 따라 일도 잘한다. 권모술수가 능한 사람보다 정직한 사람이다. 그래서 스스로 인생을 개척하는 사람은 참모보다는 지도자에게 많다.

인생을 개척하는 사람은 어느 곳에 있어도 살아남을 만한 경험과 지혜가 있다. 꿈과 희망을 가꾸며 긍정적으로 인생을 만들어 간다. 자수성가형이다.

요즘은 자수성가형의 성공이 드물다고 한다. 그만큼 사회가 변하고, 가치관과 기준도 달라졌다. 하지만 인간이 갈망하는 욕망은 같다고 보아야 한다. 사회가 어려운 시절에 자수성가형이 많이 나온다고 한다. 난세에 영웅이 나오듯이, 세상은 힘들고 어려운 때일수록 사람을 단련시켜 상황에 따라 알맞은 인간형을 만들어내는 것 같다.

스스로 인생을 개척하는 사람은 꼭 해내고 마는 뚝심형 인간에 가깝다. 포기를 모르며 어려움도 헤쳐나갈 강한 인내력이 있는 사람이다. 성공의 핵심은 역경을 이겨내고 인내력을 기르는 것이다. 우리는 말한다. 끝까지 버텨라. 버티는 사람이 강한 것이 아니라, 강한 사람이 버티는 것이다.

역경과 인내력은 나 자신이 스스로 주는 선물이다. 고맙게 생각해야 한다. 마음에서 나오는 눈물을 흘리며 광명의 축복을 받았다고 생각해야 한다. 그래서 꿈과 희망이 없는 이는 역경과 인내력도 없다.

눈물 젖은 밥을 먹어 보지 않은 사람은 진정한 성공의 의미를 모른다. 그만큼 나의 내공에는 어려움을 이겨내며 만들어진 보물이 자라고 있고, 그것들이 때와 상황에 맞춰 나와 일을 이루어내는 것이다. 그것이 성공이다.

그렇기에 삶을 어떻게 살아왔는지가 중요하다. 열심히 노력했는가? 뒹굴며 게을렀는가? 하루하루의 생활이 중요하다. 공을 들일 시간의 계획이 필요하고, 찰나의 열정이 살아 숨 쉬어야 한다.

자신의 어려운 시절을 알기에, 때로 어렵고 힘든 사람을 대할 때에 따뜻한 마음으로 대하고 도움을 주기도 한다. 그렇기에 때로는 오해를 사기도 한다. 스스로 인생을 개척하는 사람은 대부분 강한 자에는 강하고 약한 자에게는 약하게 대한다. 개척한 자의 특징이 그렇다.

석가모니 부처님도 한편으로는 개척자다. 인도의 수 많은 종교에서 다섯 명 비구를 시작으로 하여 많지 않은 제자와 신도로 어렵게 시작하였다. 교주인 부처님이 직접 탁발을 해서 음식을 먹고 제자들에게 나눠주기도 하였다. 그는 넓은 마음을 가졌고 자비심이 넘쳐났다. 작게 시작했지만 오늘날 전 세계에 불교사찰이 셀 수 없이 많으며, 그를 추종하는 이들은 2010년 통계에 의하면 4억 8,800명이다.

그는 불성佛性을 깨달은 훌륭한 불법으로, 사람 마음에 감동을 주고 깨달음으로 이끌었다. 이 세상에 펼쳤던 불법은 한마디로 말하자면 '마음 법', 일명 심법心法이다. 부처님은 누구나 가지고 있는 마음을 크게 깨치고, 그 마음을 감동하게 해서 우리에게 바르게 깨치게 하는 심법의 독보적인 존재이며 대왕大王이었다. 열반 후에도 그의 온갖 가르침이 남아 있어, 수많은 사람이 그 가르침에 경배하며 따르고 있다.

약한 자에게 강한 것처럼 대처하는 사람은 결코 영

웅이 아니다. 약한 자에게 강한 자는 기회주의자에 가깝다. 약자를 통해 무엇을 이루려는 마음이 있다. 진정으로 강한 자는 약한 자를 짓눌러 억압하지 않는다. 약한 자를 짓눌러 억압하는 사람은 갑질을 하는 성격 파탄자다. 약하고 힘든 사람을 일부러 긁으며 그 괴로움을 즐기는 자가 많다. 겉으론 얌전한 척하지만 남을 괴롭히는 다중인격자다.

강한 자는 마음이 넓어 약한 자를 괴롭히지 않는다. 안쓰럽고 측은해서, 안으려 한다. 폭넓게 안으려 한다. 원래 진정으로 강한 자에겐 자비심이 있어야 한다. 강함의 속성이 자비심이다. 진정으로 강한 자는 적을 내 편으로 만드는 기술을 가지고 있다. 자신의 진심을 보여주고 자비심으로 상대방을 대한다.

사람은 진심과 자비심을 전할 때 감동을 하며, 벽이 허물어지거나 무너지지 않는 사람이 없다. 악인도 마찬가지로 자비심으로 안으려 하지만, 끝내 자신의 나쁜 습성을 버리지 않으면, 앞날에 축원을 해주고, 버리고 떠날 수밖에 없다. 그래서 강한 자에게는 복이 많다.

부처님께서 왕사성 죽림정사에 계실 때였다. 말을 잘 길들이는 한 촌장이 부처님께 문안드릴 때 부처님께서 질문을 했다.

"그대여, 말을 길들이는 데 몇 가지 법이 있는가?"

"고타마시여, 세 가지 길이 있습니다."

"첫째는 부드럽게 하는 것이요, 둘째는 회초리로 무섭게 하는 것이요, 셋째는 부드럽게도 하고 무섭게도 하는 것입니다."

"만약 그러한 방법으로 길들지 않을 때는 어떻게 하는가?"

"곧 죽여 버리나이다. 그런데 부처님께서는 어떻게 장부를 길들이나이까?"

"나 또한 세 가지로 하느니라. 부드러움이거나 딱딱함이요, 또는 부드럽고 딱딱함이다."

"고타마시여! 세 가지 법으로 길들지 않는 장부는 어떻게 하시나이까?"

"세 가지 법으로 길들지 않으면 곧 죽여 버린다. 내

법이 업신여김을 받지 않게 하기 위해서이니라."

"살생은 가장 나쁘다고 하시면서, 어떻게 길들여지지 않는 장부를 죽여 버린다고 하시나이까?'"

"네 말대로 살생이란 나쁜 것이다. 세 가지 법으로 길들여지지 않는 장부가 있으며, 나는 그와 다시 말하지 않고 가르치거나 훈계하지도 않는다.

내가 그와 더불어 말하지 않고 훈계하지 않는다면, 그것이 어찌 죽인 것이 아니겠느냐?"

─잡아함경─

이곳에 들어온 후 나를 힘들고 어렵게 한 분들이 많았다. 시골 인심은 옛말이란 말이 돈다. 이웃사촌의 관계도 쉽게 멀어지고 있다. 처음에는 자신의 이익과 돈에는 야박하게 대하는 것 같았다. 사람을 만나고 대하는 것도 나의 업연과 인연에 따라 만나듯이 내가 복이 없고 덕이 없는 결과이지 누구를 원망하랴! 나는 그 누구도 원망하지 않고, 단지 측은하게 생각하고 바라볼 뿐이었다.

세월이 흘러 지금은 그분들이 절에 찾아오는 신도가 되고, 멀리서 지켜봐 주며 격려하는 후원자가 되었으니 얼마나 고마운 인연인가. 그분들을 존경한다. 그분들이 있기에 내가 바르게 존재하는 것이다. 힘들고 어렵게 대했다고 한순간 화를 버럭 내거나 찬바람을 일으키는 인상과 말을 건넸다면 관계는 틀어져 원수가 되었을지도 모른다.

'참을 인' 자를 새기며 인사를 하고, 꾸준히 공을 들이고 베풂을 이어간 결과이었을지 모른다. 아니 수행을 통한 나의 마음에서 진심이 우러나왔을 것이다.

모든 것을 쉽게 버리고 쉽게 판단하면, 나의 반대편에 있는 성이 쉽게 무너져 사라질 수도 있다. 나의 완성된 성을 이루기엔 그분들의 힘이 필요하다. 그들의 개성을 인정하고 나의 개성을 다듬고 때론 버려서 그들과 맞추어 살아가는 그 날. 나의 꿈은 이루어질 것이다.

인간은 버릴 것이 없다. 관계의 중요성과 기술이 필요하다. 따뜻한 말과 격려 그리고 빛을 줄 수 있는 온정의 마음이 필요하다.

눈

펄펄 눈이 옵니다
바람 타고 눈이 옵니다
하늘나라 선녀님들이
송이송이 하얀 솜을
자꾸자꾸 뿌려줍니다
자꾸자꾸 뿌려줍니다

펄펄 눈이 옵니다
하늘에서 눈이 옵니다
하늘나라 선녀님들이
하얀 가루 떡가루를
자꾸자꾸 뿌려줍니다
자꾸자꾸 뿌려줍니다

동요-〈눈이 옵니다〉

동요는 들을수록 상쾌하고 신이 난다. 순수한 어린 시절의 기억을 떠올리면 여름이건 겨울이건, 집밖을 돌아다니면서 놀던 기억이 생생하다. 어린 시절 그 당시에는 환경오염이 없어서, 떨어지는 눈을 입으로 받아 먹기도 하고 눈을 뭉쳐서 목을 축이기도 했다.

첫눈이 내리는 걸 기다리며 설레던 철부지 어린이의 감성엔 눈의 신비로움도 있을 것이다. 그러나 첫눈은 항상 실망만 안겨준 것 같았다. 눈이 많이 내리지 않아서다. 함박눈이 펄펄 내리는 것이 아니라 대부분 진눈깨비나 싸라기눈이 내리던 거로 기억한다.

강아지처럼 들과 산에서 뛰어놀던 시절이다. 산으로 올라가 하얀 눈 위에 찍힌 발자국을 따라 토끼, 꿩 등을 잡겠다고 설쳐대곤 했다. 개구쟁이 동네 형과 비료포대에 앉아 눈썰매를 타다가 눈으로 옷을 모두 적셔버려서 아궁이에 앉아 옷을 말린 적도 있었다.

아궁이 불에 옷을 말리다 결국 태워서 어머니에게 혼나며 서럽게 울었던 기억이 떠오른다. 어렸을 땐 정말 눈이 좋았다. 눈싸움도 많이 하고 눈으로 하는 장난질도 곧잘 했다. 친구 중엔 짓궂은 녀서이 있어서, 눈 속에 돌을 집어넣어 뭉친 채 눈덩이를 던져, 그걸 맞고 아파 화난 적도 있었다.

강원도의 겨울은 춥고 눈이 자주 내린다. 지역에 따라선 큰 눈이 내린다고 한다. 양구에도 그전엔 눈이 많이 내렸다. 가슴만큼 내렸다고 하는데 요즘엔 그전처럼 대설이 쏟아지진 않는다. 대신 눈이 자주 내리는 겨울이 찾아오기도 하는데, 겨울이 옛날처럼 화끈하게 춥지는 않다. 겨울뿐만 아니라 봄 가을도 모두 예전처럼 계절의 특성이 와 닿지 않는다. 그냥 뜨거울 뿐이다. 한반도도 이제 본격적으로 아열대성 기후가 닥친다고 하니 말이다.

바다의 물고기도 참다랑어 등 열대 지역에서 많이 잡히는 물고기가 자주 잡힌다고 하니, 세계적으로 기후변화가 찾아온 것이다. 지역의 온도 변화도 커졌다. 예전엔 대구 지역에서 중점적으로 재배하던 사과가, 요즘엔 양구 지역에서 주로 재배한다. 양구 사과는 품질도 좋은데, 기온 차이가 심해서 그렇단다.

월명리는 기후 변화가 크다. 한여름에도 해가 지면 선선하다. 무더운 여름 날씨에도 밤에는 얇은 이불을 덮어야 한다. 아침저녁 기온차가 심하니 곡식과 과일이 맛있다는 것이다. 특히 월명리 옥수수는 맛있다고 소문이 났다. 쫀득쫀득 씹히는 구수한 맛. 옛날에 우리가 먹던 향기가 그대로 녹아있는 찰옥수가 강원도에선 잘 자란다.

옛날 원주민들은 눈이 내리면 토끼를 잡으러 다녔다고 하는데, 근래엔 토끼가 잘 보이지도 않는다. 처음 이곳 '목넘어' 계곡에 들어와 첫겨울을 나는데 눈이 오면 토끼 발자국이 많이 찍혀 있었다.

요즘엔 산에도 토끼 발자국이 눈에 띄지 않는다. 계곡에는 이미 가재들도 많지 않다. 우리 주위를 돌아보면 변한 것들이 너무나 많다. 건물은 하루가 다르게 올라서며 들어서고 있다. 길도 터널도 하루가 다르게 넓고 말끔하게 들어선다. 참 편리해졌다.

그런데, 진정 변해야 할 우리의 마음씨는 언제 변할 것인가. 우리가 원래 가지고 있는 착한 마음씨, 아름

다운 마음씨, 고마운 마음씨가 우리의 본디 마음이련
만. 술래잡기하며 놀면 바뀔까, 눈에 무엇이 들어가
씌어야 변할까. 우리를 늘 지켜보는 하늘 땅 허공에
물어 봐야 할까.

겨울이 되면 준비해야 할 장비가 있다. 눈 치우는 서
까래와 빗자루 여러 개다. 보일러 기름과 함께 장비가
꽉 차 있으면 마음이 든든하다. 서까래와 빗자루는 겨
울이 다가오면 가장 신경 쓰는 물품이다.

눈을 약 1Km쯤 치워 본 사람이 몇이나 될까? 말이
1Km이지, 간단하게 산책하는 수준의 거리이다. 전문
적으로 눈 치우는 분들이 치우는 거리일지도 모른다.
그런데 요즘은 아예 차량으로 제설작업을 한다.

처음에 눈이 왔을 땐, 기어가 있는 수동형 차량으로
언덕을 올라가다가, 타이어 마모가 심하니 끝까지 올
라가지 못하고 중간에 멈춰 섰다. 내려가고 다시 오르
기를 여덟 번만에 미끄러져서, 차는 결국 계곡에 빠지
고, 레커차를 불러 차를 빼냈다. 한두 번 해서 안 되면
그만두어야 했다.

바닥에 미끄러운 얼음이 얼어있는 그런 상황이었다. 그런데 무섭거나 두려운 게 없었다. 재미있다고 해야 하나, 도전정신이 깨어났다고 할까? 나에게 이런 배짱이 있는 줄 몰랐다. 그 이후에도 여러 번 언덕을 오르락내리락하며 곡예를 하였다.

비포장도로 약 1㎞의 눈을 치우기는 정말 힘들다. 처음에 눈을 치울 때는 이곳의 경치 풍광이 좋아서, 그리고 신심이 있어서 눈을 두려워하지 않았다. 눈 치우는 것을 즐거워했다. 힘든 줄을 몰랐다. 허나 요즘엔 눈이 자주 오고 적설량이 많은 날에는 힘에 부친다.

입주 초창기엔 이곳에서 눈을 치우며 사는 사람은 나 혼자였다. 그만큼 눈 치우는 것이 힘들었다. 대부분 노인들이었으니 더 힘들었을 것이다. 서까래로 눈을 치우노라면 힘든 것은 둘째치고 땀이 비 오듯이 할 때가 있었다. 어느 날에는 힘들어서 치아까지 흔들렸다. 치아가 흔들린 날은 되게 고생한 날이다. 그런 땐 피곤이 쉽게 풀리지 않아 한참 동안 누워 있곤 했다.

아랫집 거사님은 눈을 치우고 앓아 누웠다. 그래도

나는 온종일 눈을 치우고도 목탁을 잡고 예불과 기도를 올렸다. 어떨 때는 스스로 '독하다'는 말이 튀어나왔다. 여기에 사는 자체가 얼마나 기분이 좋은지, 그 정도는 감수해야 하는 일이다.

생각해 보시라. 1km의 비포장도로의 눈을 치우는 일은 체력이 뛰어나거나 굳은 마음이 없으면 치우기 힘든다. 애초에 치울 용기가 나지 않는다. 어릴 적, 집 앞마당에 있는 눈을 치울 땐 귀찮고 하기 싫었다. 거기에다 길바닥에 튀어나온 돌의 용병이 숨어 있어 배에 걸리는 날에는 배가 아파 뒹굴게 된다. 손목에 걸리는 순간에는 고통이 온몸에 울려 퍼져 그 여운이 오래 갔다.

어느 분에게 여기 살려면 1km의 눈을 치워야 한다고 하니 '하하하' 웃으며 재미있는 스님이라고 한다. 눈이 내리는 것은 운치가 있지만 치우는 일은 뼈가 아픈 현실인데 말이다. 차려놓은 음식을 먹기는 쉽지만 치우며 설거지하는 일은 고통이 따라오기도 한다.

눈이 쌓인 새하얀 풍경을 감상하고 있으면 새들과

까마귀들이 우지짖는다. 신나게 울어 젖힌다. 새소리를 듣고 잠시 쉬면 힘이 다시 돌아온다. 시린 손을 호호 불어가며 눈을 치우는 일도 이젠 능수능란하다. 빗자루와 서까래를 자유자재로 쓸 수 있다고 할까. 조금 더 쉽게 연장을 움직인다. 서당 개 삼 년이면 풍월을 읊는다고, 십 년의 세월을 눈을 치우고 살았으니 달인이 될 법한데도 아직도 멀었다.

요샌 사람들이 그전보다 많이 들어와서 산다. 그래서 눈이 오면 치우기가 수월해졌다. 여러 사람과 함께 치우니 그만큼 힘이 덜 든다. 아침 일찍 눈을 치우고 빗자루나 서까래를 어깨에 메고 올라가는 우리는, 부지런한 스머프들의 후예처럼 생각되기도 한다. 올라오는 길에 나누는 대화가 작설차처럼 구수하다.

눈이 제법 내리면 마을의 전 이장님께서 트랙터를 끌고 와 관음선원까지 눈을 치워준다. 고맙고 따뜻한 마음이 전달되어 한겨울임에도 훈훈하다. 고마운 마음을 전하니, 커피 한 잔에도 훈훈함을 녹여낸다. 이렇게 해야 스님도 뵙고 커피도 마실 수 있다며 웃는 그 얼굴이 천사 같다.

힘들고 어려운 일을 포기하지 않고, 인내를 갖고 도전하면 원하는 일을 성취할 수 있다. 포기하는 순간 모든 것이 원점으로 되돌아간다. 내가 쌓은 업의 고뇌를 감내해야 한다. 물론 감내하는 그 자체는 고통이다.

많은 고통 속에서 거름의 꽃이 피어난다고 하는데, 알고 보면 고통을 인내하며 사는 자체가 보살이고 수행이다. 한순간에 이루어지는 것은 없다. 포기하지 않고 한발 한 발 걸어 나가면 어느새 원하는 지점을 발견하고 올라갈 수 있는 것이다.

희망의 작은 구멍이 있더라도 그곳을 향해 나가라. 설사 돌아가더라도, 시간이 걸리더라도, 아파하지 않고, 무서워하지 않고 자기 길을 천천히 걸어 나가라. 결국엔 마침내 태평양을 보리라.

포기하면 다른 곳에 가서도 고통이 반복되는 일상을 살 수가 있다. 끝내 나약한 존재에서 벗어나지 못한다. 굳은 마음을 다시 잡고 눈을 치우러 나가는 스님은 이제 도통하셨는가 싶다.

한겨울에는 운동하기가 쉽지 않다. 밥을 지어 먹으며 하루 네 차례 기도를 하고, 잡다한 일을 하고 글을 쓰노라면 하루 해가 바삐 지나간다. 계획을 잡아놓고 운동하기엔 내가 게을러서 쉽지 않은가도 모른다. 그러나 눈을 치우는 일은 이제 나의 강한 운동이 되고, 수행되어 가고 있다.

바쁜 중에, 힘든 와중에 나의 공부는 어디에 있는가. 그것을 점검하기도 하고, 자연의 새하얀 도화지를 펼쳐놓고 선명한 공부를 지어간다. 어느새 쌓인 눈은 사라지고 관세음보살님의 마음을 이어받는다.

하늘에서 내리는 눈은 내 마음속의 눈과 같다. 얼굴을 들어 하늘을 바라보면, 바람에 흩어져 날리는 재티같이 떨어지는 눈은 진공묘유眞空妙有의 도리를 알려 준다. 꽉 찬 허공과 산에 빼곡하게 얹힌 함박눈은 원통圓通(두루 꽉 차 있음)의 이치를 자세히 일러 준다.

덩달아 내 마음의 눈도 활짝 열려서 진실한 모습을 거짓 없이 바라본다. 때마침 하늘의 태양도 대 광명을 발산하며 새하얀 대지를 환히 비춘다.

돈

가난은 인격의 스승이다.

−안티파네스

출가해서 지금까지 가난하게 살아왔다. 수행자가 가
난한 것은 당연하지만, 막상 쓸데가 있는데 돈이 없으
면 그것만치 힘들고 스트레스 받는 상황은 없을 것이
다. 밖에 볼일이 있으면 차를 타야 하고 그러려면 여
비가 있어야 한다. 생활을 유지할 수 있는 최소한의
돈은 필요하다.

학인 스님은 책값을 들여야 공부를 하고, 기타 여러
가지 물품에 필요한 비용이 있어야 한다. 후원자가 없
으면 대학교에 다니기가 정말 곤란하다. 방학 때 아르
바이트로 부전을 살지 않으면 정말 학교에 다니기 힘
든 것은 사실이다.

돈 없이 살 수 있는 세상은 이미 사라졌다. 특히 도

시 지역은 밖에 나가면 돈 쓸 일이 허다하다. 얼마나 검소하게 사는가도 문제다. 욕심을 부려서 탐하거나 돈을 지나치게 아끼는 태도는 수행자의 처세가 아니다. 부족한 와중에도 가난한 이에게 선심을 쓰는 것이 수행자의 태도요 공부다.

월세살이 포교당 시절에는 몇 달 치 월세를 갖고 시작해서 처음에는 큰 어려움이 없었지만 가난한 자의 서러움은 있었다. 가난해 봐야 하심下心을 할 줄 알고 고마움을 알게 된다. 그래서 수행자는 먼저 가난을 배워야 한다. 가난에서 수행이 익어가며 고매한 인격이 만들어진다. 말 그대로 가난은 수행과 인격의 스승이다.

모든 물질이 풍부해진 시대이다. 양말과 속옷도 예전보다 풍부해졌다. 그전처럼 승가에서 양말을 기워 신고, 옷을 손수 꿰매 입는 시절은 추억으로 남아 있을 수밖에 없다. 보리암에서의 기도인 시절, 떨어진 양말을 기워 신으며 기도 원력을 다져가며 수행을 했다. 이젠 눈이 나빠져서 바늘귀가 잘 보이지 않아 실을 꿰기조차 어렵게 됐지만 말이다.

돈이 많으면 다른 생각을 한다. 돈에 대하여 여러 가지 생각을 하고, 계획을 세우고 또 쓴다. 돈만 있는 사람을 졸부라 하지, 거부라 하지는 않는다. 그만큼 돈에는 가치관과 사상이 있어야, 그 돈이 제대로 값어치를 하여 사람을 살리고 인류를 살린다.

처음엔 가난해야 한 가지 길을 갈 수 있다. 가난해야 한 길을 열심히 파서 성공에 이르지만, 배가 부르면 나태함을 불러들여 집중하기가 어렵다. 배가 고파야 빈속에서 집중과 열정의 꽃이 핀다. 그래서 수행자는 재물을 '독사의 화'보다 크게 생각해야 한다. 정상적으로 큰돈을 벌기는 어렵다. 정직하게 백만장자가 된 사람은 없다는 명언도 있다.

돈은 자신을 속이게 만든다. 사흘 굶어 남의 담을 넘지 않은 사람 없다고 했듯이, 돈 앞에서 평정심을 유지하기란 쉽지 않다. 돈을 보면 가지고 싶은 욕심은 누구에게나 다있는 사실은 어쩌면 인간이기에 당연한 일일 것이다.

독사에 한 번 물렸다면 죽으면 그만이지만, 재물과 여색의 화는 수많은 시간과 공간을 거쳐 가며 수행자를 괴롭힌다. 수행의 현실을 방해하며 결국 수행자의 길을 걷지 못하게 할 수도 있다. 그러니까 수행자는 자신의 원력에 의해 돈을 다루고 만져야 안전하다. 자칫 잘못하다가는 돈의 족쇄에 물리고 만다.

남을 위해 쓰고 베풀며, 대중을 위해 보시하는 돈이어야 청정한 돈이 된다고 생각한다. 개인의 안일함만을 위해 쓴다면 수행자는 돈의 노예가 될지도 모른다. 한국의 승가도 개인주의가 강해졌다고 할까.

각자도생各自圖生이란 말이 나돈다. 자급자족이 되지 않으면 노후에는 힘든 삶을 살아가게 될 수도 있다. 노후에 드는 약값과 병원비는 만만치 않은 지출이다. 스님의 복지에 신경을 쓰고 병원비를 아낌없이 대주는 조계종단은 정말 훌륭한 일을 하는 것이다.

모든 일에는 빛과 어둠이 있듯이 돈에도 빛과 어둠이 있다. 나에게 돈이 가지는 빛이 밝게 비춘다고, 절제하지 못하고 감당하지 못하는 돈을 써댄다면 어둠의 그림자가 드리워, 고통과 한숨 속에서 나날을 살게 될 것이다. 비록 지금은 어둠의 돈 그림자를 밟았지만, 희망 속에서 포기하지 않고 열심히 살아간다면 때가 차고 어둠의 그림자가 저절로 사라지면서 돈의 광명을 비추리라.

돈은 있을 때 잘 써야 하고 관리를 잘해야 한다. 관리를 잘못해 흥청망청 써 버리면 돈의 신은 자기를 떠나게 되며 빈약하고 황망하게 된다. 그렇게 세월이 지나면 늙게 되고, 늙으면 돈에 아쉬워 쪼들리게 산다. 돈도 있을 때 잘 운용해야 한다. 돈은 한 번 구렁텅이에 빠지면 쉽게 빠져나올 수 없다. 신세 한탄만 하다가 늙고, 늙으면 젊었을 때처럼 돈을 벌기가 쉽지 않다. 늙었다고 잘 채용하지도 않는다.

남에게 속아서 돈을 뺏기는 사람도 흔하다. 사기꾼에게 속아서 큰돈을 잃은 사람도 종종 있다. 속아서 돈을 뺏기는 사람은 우선 정에 약한 사람 같다. 남을 돕는 것은 좋은 일이지만 꾐에 빠져 돈을 빌려주고 받지 못하는 것은 사기이다. 아닐 때는 단연코 'No'라고 하는 용기가 필요하다.

우유부단한 성격을 고치는 것도 꼬임에 빠지지 않는 방법이다. 남에게 돈도 주고 물건도 주면서 마음을 다치지 말라. 어쩌면 그들은 당신의 착해빠진 그런 점을 노릴지도 모른다. 착해빠지지 말고 착하되, 착한 주인공이 되어야 한다. 수처작주(언제 어디서나 주인이 되다)의 말씀처럼, 언제 어디서나 착함을 만들고 이끄는 주인공이 되어야 한다. 그래야 남에게 휘둘리지 않는다.

사기꾼에게 속아 넘어가지 않으려면 우선 욕심을 버려야 한다. 대부분 사기꾼은 사람들의 심리를 이용한다. 사람의 욕심 심리를 이용해 자신의 욕심을 채우려 하는 것이다.

가만히 살펴보면 사기꾼은 사람의 눈치를 잘 살펴본다. 자신의 올가미에 걸려들 사람을 찾거나, 자기 잣대로 저울질을 하기도 한다. 제 뜻에 맞는 사람이 있으면, 그 상황에 맞게 말이나 행동을 보여서 상대편 사람이 자기에게 속아넘어가도록 만드는 것이다. 그렇지만 욕심을 내려놓으면 그런 점들이 보이고, 허황한 꼬임에 속지 않게 되는 것이다.

돈은 사람을 알아본다고 했다.

어느 날 어느 노보살님이 나에게 돈이 많아 보인다고 했다.

"저는 가난합니다."

그때 때마침 사업체를 운영하는 남자 사장님이 나오셨는데, 그 사장님 보고는 가난하고 불쌍하다고 했다.

"저분은 돈도 많고 건물도 많아요. 하나 대뜸 돈을 잘 안 쓰지요."

"예, 맞습니다."

돈이 많아도 벌기만 하면 가난한 것이고, 나처럼 가난하지만 좋은 곳에도 쓰고 베풀며 살면 부자라고 했다.

"덕이 있는 것이지요."

가난해도 좋은 곳에도 쓰고 베풀며 살면 돈도 알아볼 것이다. 그래서 돈이 스스로 찾아와 붙는지도 모른다.

수행자가 이렇게 수행은 하지 않고, 돈에 대하여 이런저런 말을 많이 하는 것은 부끄러운 일이다. 내가 생각을 하는 건, 한때 돈에 크게 혼난 적이 있기 때문이다. 빚을 져서 신용회복위원회의 관리를 받아 보았기 때문이다.

나는 돈을 모아 무엇을 하거나 저축을 해서 목돈을 만져보는 습성이 없으므로, 돈이 생기면 그냥 자유롭게 썼다. 길을 가다가 없어 보이는 사람을 만나면 조건 없이 나눠 주거나, 어린이를 만나면 과자나 용돈을 나눠주기도 하였다. 그래서 어느땐 좋지 않은 오해를 사기도 했다.

어머니의 눈엔 어린이 납치범 쯤으로 오해할 수도 있지 싶었다. 요즘 어린이들은 똑똑함을 넘어 영특하여서 그런 꼬임에 쉬이 넘어가지 않으리라 생각한다. 세상이 하도 험하니 가정과 학교에서 교육을 잘 하겠지만, 유튜브 등 SNS의 발달로 사회 전반의 정보 지식이 상당하리라.

이곳으로 들어오면서 대출을 받아서 땅을 사고 집을

짓고 무리하게 시작하였다. 큰돈은 아니지만 빚을 지게 된 것이다. 이게 문제였다. 알뜰살뜰하게 허리띠를 줄여가면서 한 푼도 아껴서야 했다. 물론 들어오는 수입은 없고 지출을 해야 하는 상황은 생기니 문제가 점점 커졌다. 너무 힘들어서, 시중에 나가 탁발하며 살아야겠다는 생각도 했다.

어려운 생활이었지만 나름대로 어려운 이웃을 돕고 베풀며 살겠다는 원칙을 세웠던지라, 없는 돈은 대출로 이끌어 썼다. 그러다 보니 대출은 대출대로 늘고 이자는 불어나고, 대출을 받아서 이자를 갚는 상황이 벌어졌다. 그러니 이자 갚는 날짜가 갑자기 불어나 정신이 없을 지경이었다.

그전에는 용돈이 필요하거나 쓸 돈을 생각하면 돈이 생겼으나, 이때는 잘 먹히지 않았다. 빚에 빚을 지고 연체가 길어지니 결국 독촉 전화를 받게 됐다. 이젠 어떤 업체에서도 대출해 주지 않는 상황이 되어버린 것이다.

정말 피눈물 나는 상황이 펼쳐졌다. 그나마 기도하

면서 버렸지, 그렇지 않으면 벌써 부도가 났을 판이었다. 쌀이 떨어져서 냉동실에 얼려놓은 밥을 가지고 죽을 끓여 먹으며 연명하고, 양초를 살 돈이 없어서 촛농을 긁어모아 불을 켰다.

시내에 나가 탁발을 할까? 다른 절에 가서 부전살이를 할까? 이런 생각까지도 했다. 막상 면접을 보면 떨어지거나, 면접 후에는 생각이 달라졌다. 죽어도 이곳에서 죽어야지! 절망감이 찾아왔지만, 이곳에서 계속 살고 싶었다. 다른 곳으로 떠나서 살고 싶지 않았다.

왜 이곳을 그토록 떠나고 싶지 않았을까? 밖에 나가 있어도 이곳을 생각하게 되고, 그래서 얼른 돌아오면 그 싱그럽고 아름다운 공기와 경치 그리고 코끝을 홀리는 찌릿한 냄새가 나를 반겨주어서 그럴까!

어떨 때는 내가 이곳을 떠나면 비웃을 사람 몇몇이 떠올랐다. 그 말이 들려왔다.

"네가 그러면 그렇지."

"'네까짓 게 무엇을 하겠냐?"

여기서 떠나지 못한 것은 나를 이끄는 무언가가 있

다고 생각되었다. 이런 세월이 몇 해 흘렀다. 지금 돌
이켜 생각해보면, 기도가 나를 살렸다고 생각한다. 그
동안 돈에 크게 고생하지 않으며 살았지만, 이번에는
제대로 걸렸다. 정말 피가 마르는 상황이 도래했고,
힘든 삶이 시작되었다.

사실 힘들거나 어려움에 부닥쳐 있는 사람을 이해한
다고 쉽게 말하지만, 직접 겪어보지 않으면 그 사람의
마음을 절대 모를 것이다. 죽고 싶은 심정이 무엇인지
어찌 알겠는가. 그 당시엔 지인 중에 나에게 단돈 백
만 원을 빌려주는 사람이 없었다. 내 복이 그만한 걸
누굴 원망할까만은, 그땐 그랬다. 야속도 하다. 이놈
의 세상이여.

버텨나갔다. 하루하루가 돈에 대한 근심 걱정이 없
는 날이 없었다. 그런데 나를 완전히 죽이진 않더라.
어떻게든 버티게끔 했다. 그것도 기도의 힘이라고 믿
고 있다. 그 누가 두메산골의 조그만 절집 안의 살림
살이가 어떤지 알겠는가!

온종일이 가고 가도 찾아오는 신도는 없었다. 그냥

온종일 산과 하늘을 보고 물소리를 들으며 살았다.

그 어느때쯤 나에게 강하게 한 방을 먹인 독촉 전화를 받게 됐다. 지금은 그분을 고맙게 생각한다. 그분 때문에 조금은 편하게 지냈으니까 말이다. 그러나 그 당시엔 표독스럽고 차디차고 매몰찬차게 던지는 말 한마디에 눈물이 터져 나왔다.

"알았어요~~~입금하겠습니다."

직업에 귀천이 없다지만, 억만금을 주어도 독촉업무 일을 난 못할 것 같다. 사람의 마음을 괴롭히는 일은 체질에 맞지 아니한다. 돈을 제때 갚지 못하는 건 내 잘못이지만 인정사정 보지 않고 사람을 닦달하는 직업은 나에게 어울리지 않는다.

내가 제일 싫어하는 말이 '법대로 하겠다.'이다. 법대로 하기 전에 사람의 마음으로 생각하고, 이해할 것이 있으면 이해하고, 도울 것이 있으면 도와주고, 정녕 아니면 그땐 뜻대로 하면 좋을 것 같다. 법대로 하겠다는 말을 자주 하는 사람치고 인간미 넘치게 잘 사는 사람을 아직 못 봤다.

이러면 더는 안 되겠다 싶어, 내 명대로 살지 못하겠구나 싶어, 결국 내가 찾아간 곳은 신용회복 관리위원회였다. 그곳엔 어인 사람이 그리 많은지! 다들 얼굴은 어둡고 근심이 가득 차고 고독한 모습들이었다. 대부분 여자가 많고 남자는, 스님은 나 혼자였다.

담당자는 능숙하고 친절하게 이것저것을 물어보고, 또 과다한 대출이 이러한 현실을 만든다고 소중한 충고를 주었다. 결국엔 긴 세월을 두고 대출금을 갚아 나가기로 합의했다.

이젠 배웠다. 대출을 함부로 하면 안 되며, 돈을 마음 가는 대로 쓰지 말고 계획을 세워 써야 한다는 것을.

돌아! 너는 큰 고개를 넘어선 거야. 아무리 힘들어도 사람을 미워하거나 원망하지는 말아라. 미워하고 원망하는 마음은 너에게 돌아가기 때문이다.

대출금과 이자를 갚아 나가고 다시 대출을 받으며 빚을 갚아 나갔다. 잘 풀리지 않은 일들이 반복되었다. 다행히 지금은 모든 대출금을 완전히 갚았다. 마음이 홀가분하다. 족쇄 풀린 사람이 훨훨 날아다니는 것처럼 시원하다.

마음에 자유의 원만상이 새겨진다. 신용등급도 회복이 되었다. 나는 수행자이다. 본래의 마음 참마음을 회복시키는 불도 수행자. 신용도 다시 회복시켰으니 큰일을 마쳤지 않은가.

병간호

　어릴 적 나 자신에게 크게 오해한 점이 있었다. '나는 죽지 않을 것이다.' 어린 시절에 나는 영웅을 좋아했고, 현실에서의 영웅보다는 영화나 만화의 주인공 영웅을 좋아했다. 슈퍼맨이나 원더우먼 등 하늘을 날거나 초인적인 힘을 가진 자를 동경해 왔던 것 같다.

　집안에 돌아가신 분들이 없어서 더욱 불멸의 삶이 맞을 거라고 단정했는지 모른다. 그러나 이곳에 들어와 수행하면서 마을에 줄초상이 났고, 그분들의 병간호를 하면서 나는 조금 고생은 했지만, 세상을 바라보는 눈이 띄였다고 할까.

　아니면 나를 지켜주던 분들은 모두 돌아가시고 나 혼자뿐이니, 자신을 스스로 지켜나가야 하니 철이 들어 삶을 보는 눈이 달라진 것인지도 모른다. 정말 한순간이었다. 세 분이 2개월, 2년의 세월을 두고 허망하게 세상을 뜨셨다.

바로 밑의 남동생은 착하고 성실하게 살았는데, 암에 걸려 갑작스레 세상을 등졌다. 암 진단 후 1개월 만이었다. 간호하면서 암환자의 모습을 보고 다시금 인생의 무상함을 확인했다고나 할까. 여러 의미로 안타깝고 고마운 동생이었다. 나라의 일꾼이었는데 아쉬움만 남았다.

'어디에 태어나든 건강하고 행복하게 살아야 한다. 세상을 위해 일하는 큰 인물도 되어라. 형이 널 위해 기도할게.'

어머님의 일은 사고가 생기기 전 꿈을 꾸었는데 손에 큰 구멍이 뚫렸다. 그 후 여러 날이 지났다. 저녁기도 후에 핸드폰을 살펴보니 여러 통의 전화가 들어왔다. 불길한 예감이 들었다. 평소에 전화 통화를 하지 않는 집안의 어른이었다. 아니나 다를까. 어머님이 사고가 나서 병원에 입원하셨다는 전갈이었다.

그해 겨울이었는데, 그날은 눈이 와 있었다. 다행히 낮에 눈을 치워놨기에 얼른 준비하고 병원으로 달려갔다. 가면서 관세음보살 기도를 드리며 무사하기만을 간절히 염했다.

나의 어머니. 삼 형제 중 나는 어머니와 가장 닮았다. 서릿발 같은 시집살이에서 삼 형제를 키우셨으니 얼마나 힘들고 고통스러웠겠나. 자식을 위하는 일에는 한사코나 발 벗고 나서셨다. 자식들의 진로에 후원을 잘 하셨다. 그러시는 어머니에게 때로는 창피함을 느낄 때도 있었다. 모든 한국 어머니의 마음처럼, 자식새끼에게 한 입이라도 더 먹이려고 늘 옆에서 음식을 떠준 어머니였다.

많이 배우지 못한 것을 한으로 여기신 어머니. 부모님 말씀 안 듣고 방황할 땐, "내 못된 것을 네가 가장 많이 닮았구나." 하시며 미워하던 어머니. 어머니의 꾸지람에는 나는 어떤 말대꾸나 변명도 할 수 없었다.

먹는 것 하나 제대로 못 잡수시고, 속옷 하나 마음대로 사 입지 못하고 그렇게 한평생 사신 어머니. 이제 조금은 나아지시나 여기는데 사고를 당하시니, 억장이 무너졌다. 평생 시집살이를 시키신 시어머니를 십 년 넘게 병간호하시고, 그 인연으로 몸이 괴약해지고 여러 병이 찾아 왔단다. 힘없는 그 몸으로 목욕을 하시고 목욕탕에서 쓰러지셨다.

세 자식이 모두 남자라 그리고 아버지를 닮아서 모두 조용한 성격에 무뚝뚝해서 애교가 없었다. 사랑한다는 표현도 하고 어머니에게 맛있는 것도 사다 드리고 용돈을 챙겨드려야 하는데....... 아직 철이 덜 들었는지, 할머니 삼촌 고모들이 모여 사는 대가족이어서 그랬는지....... 살갑게 대하지 못한 점은 돌이켜 생각하니 큰 잘못이며 깊이 부끄러웠다.

"어머니! 죄송하고 감사합니다."

한나절을 밖에 나가 일하고 집에 들어오셔서, 하얀 손수건에 동전 몇 닢을 싸서 넣어두고, 나에게 용돈을 주신 어머니. 밥상을 차릴 기운도 없으실 텐데, 대가족의 밥상을 차려 방안으로 들고 오셨으니 정말 정신력으로 버티셨다고 생각한다.

어머니에게 돈 벌어서 호강을 시켜드리고 실망을 안겨드리지 않으려 했건만, 부정적인 사춘기의 방황으로 결국엔 집안에 실망을 안겨드렸다. 그땐 한 집안의 장남으로서 짊어진 짐으로 어깨가 항상 무거웠다.

어머니는 중환자실에 누워계셨다. 나는 어머니의 마음을 알아주지 못한 야속한 큰아들이다. 어머니를 보고 나는 엉뚱한 말을 꺼냈다. 위로의 말을 해야 하고 놀란 가슴을 어루만져 줘야 하는데…....

"기도하세요."

어머니는 천주교 신자다. 나의 출가가 가장 못마땅했을 것이다. 출가를 말리려고 절에까지 찾아온 분이다. 그 마음속엔 괘씸하고 원망하는 마음도 있었을 것이다. 그러나 내가 출가하여 공부하고 포교를 하고, 세상에 책을 내놓을 땐 참 대견해하시기도 하셨다. 책 홍보를 도맡아 하셨다.

"네가 중이 될 팔자인가 보다."

기도하란 말에 고개를 끄떡이며 눈을 감으셨다. 중환자의 가족실에서 숙식하며 시간에 맞춰 면회하였다. 기도와 참선을 빠뜨리지 않고 꾸준히 이어나갔다. 그후로 눈을 뜬 어머니의 얼굴을 뵐 수가 없었다. 평생 가족을 위해 고생만 하신 어머니. 불쌍한 나의 어머니. 당신에게 받은 사랑을 언젠가 갚을게요.

"사랑합니다. 어머니!"

아버지는 나에게는 슈퍼맨 같은 영웅이고, 무서운 분이었다. 그리고 신神적인 존재였을지도 모른다. 강한 모습만 보아왔기 때문이다. 남에게 불만을 이야기하신 분이 아니며 따지는 분도 아니었다. 옹골찬 모습만 보여주셨다. 어머니는 아버지에 대해 이런 말씀을 자주 하셨다.

"너희 아버지는 외골수야."

남과 타협을 하신 적도 없고, 자신이 옳으면 남이 뭐라 하든 밀고 나가신 분이었다. 어쩌면 나도 아버지를 닮았는지 모른다. 아버지는 삼 형제 중 나를 가장 좋아하셨다. 수석을 수집하는 것을 좋아하고, 물고기 잡기, 가끔가다 새를 잡았는데 그럴 때면 나를 데리고 다니셨다.

내 취미는 항상 아버지와 같았다. 내가 따라하는 것이다. 수석을 주우러 다니시면, 나는 몰래 강가에 나가서 온종일 좋은 수석을 고르고 주워오기도 하였다.

그러면 아버지는 주워온 돌을 평가하시며, 평가가 안 좋더라도 그 돌을 바라보며 좋아하시곤 하셨다. 당신을 따라하는 것을 흡족해했다.

어렸을 적에 나는 물고기를 잘 잡았다. 아버지를 따라 어항 놓는 법, 그물로 고기 잡는 법, 반도 질을 배워서 혼자 개울가에 나가 놀기도 하였다. 나중엔 친구에게 물고기 잡는 법을 가르쳐 주기도 하면서 말이다.

법 없이도 사실 분. 남에게 피해를 주지 않고 당신 일만 열심히 하시던 분이었는데. 자식을 먼저 보내놓고, 아내마저 사고로 먼저 떠나니 사람을 멀리하고 세상을 등지셨다. 얼마나 억울하시겠나. 세상이 원망스러울 것이다.

제일 아끼는 둘째아들. 그 병고를 치르며 일그러진 얼굴을 바라보며 병상을 떠나지 않고 가는 그날까지 지켜주셨다. 아내는 폐에 물이 차 결국 투석까지 하면서도 살려내지 못한 서러운 안타까움에, 화장터에서 끝내 눈물을 보이신 외골수 아버지.

이젠 홀로 살아가면서 밥을 끓여 잡수시니, 그동안

해 보지 않은 일이 얼마나 불편하실까. 머리 깎고 출가한 큰아들인 나를 원망하지 않으시겠는가. 내가 출가한 수행자이지만 홀로 남겨진 노인을 못 본 체할 수가 없다. 가끔 내려가 청소하고 빨래하고 밥을 지어 드리면, 머리에 손가락 끼고 방바닥에 누워, 발을 가늘게 흔들며 콧노래를 부르시는 아버지.

사실 이곳으로 모시고 와 같이 살까, 잠시 내가 환속할까? 깊은 고민도 했다. 집안에 큰일이 있으려면 먼저 나에게 무언의 신호가 왔다. 아프시기 2년 전에 아버지 거사님의 꿈을 꾸는데 머리 안에 피가 나서 쓰러지는 것이었다. 나는 "아버지!" 하며 울고 절규를 지르며 깼다.

쓰러지시기 몇 개월 전에 통화를 하는데, 아버지의 발음이 자꾸 꼬이시는 것이다. 나는 발음이 꼬이니 약주를 드셨냐고 물으니, 아니다고, 괜찮다고 하셨다. 내가 여기서 더욱 관심을 두고 깊이 생각을 했으면, 아버지를 모시고 큰 병원으로 진찰을 받으러 갔을 텐데 나의 잘못이 크다고 생각한다.

열 명의 효자보다 한 명의 악처가 낫다고 하듯이, 어머니가 계셨으면 알아차렸을 텐데! 아니, 그 정도로 병이 진행되면 당신이 먼저 알아차렸을 텐데, 병원을 몹시 싫어하신지라……. 아무튼 나는 불효자다. 빨리 눈치를 챘으면 아버지께서 큰 고통을 면했으리라 본다. 곧바로 아버지의 미래를 알려주는 예지몽이 왔다. 발음이 어눌한 것은 뇌경색의 사전 증상이었다.

그날도 한겨울이었다. 눈이 자주 오고 많이 내렸다. 아침부터 오후까지 눈을 치우면서 지냈다. 안부 전화를 한 지도 오래 되어서 전화를 눌렀다. 받지를 않는다. 두 번 세 번…여섯 번. 무슨 일이 일어났다는 감지가 왔다.

오래된 수동 차를 몰았다. 가는 도중 내내 '관세음보살' 기도를 올렸다. 몇 년 전에도 산에서 실종되어 밤 늦게까지 수색을 하였으나 찾지 못하였다. 차를 주차한 자리에서 기다리면서 '관세음보살' 기도를 간절히 했다. 산골의 새벽녘 어둠을 뚫고 살아서, 산등성이를 걸어서 내려오시는 아버지. 기적 같은 일이었다.

차갑고 고요한 어둠이었다. 다급한 마음으로 집으로 들어섰다. 대문은 열려 있었다. 창문으로 안방을 들여다보니 아버지는 한 쪽으로 누워서 팔을 베고 있었다. 얼른 들어섰다. 입안에는 침이 괴어 있고 베개가 흠뻑 젖었다. 나를 보시더니 힘들게 일어나 '헤헤' 웃으면서 곧바로 다시 누우셨다.

아버지는 전화 소리는 들으셨으나 일어나지 못해 받지 못하셨다고 했다. 그리고 내 전화란 것이 느껴졌을지도 모른다. 그리고 나를 기다리신 것이다. 몸이 움직일 수 없이 아프고 깜깜한 적막 속에서 자신을 구해줄 자식을 기다리셨을 것이다. 자식이 왔다고 움직이지 못하는 몸으로 억지로 일어나 마지막 웃음을 보여주신 아버지.

"당신은 진정한 어른이십니다. 그리고 강한 남자입니다."

'어떡하지 …… 어떡하나…….'

순간 나는 당황했다. 곧 정신을 수습하고 119에 전화를 걸었다. 119가 빨리 왔고, 큰 병원으로 가야 한다며, 대학병원으로 달렸다. 응급실로 실려가 입원 절차를 밟고 6인실 병동으로 입원을 했다.

이때부터 아버지는 제일 싫어하는 병원에 입원하셨고, 나는 한 번도 배우지도 않고 해보지도 않은 병간호를 시작하게 되었다.

병명은 뇌경색이었다. 몇 년 전에도 뇌경색이 왔다는 담당 교수의 말씀이다. 분명히 증상이 있었을 텐데, 감기 증상이라며 병원에 며칠 입원하셨다가 답답하다고 일찍 퇴원한 그 일이 뇌경색이었단 말인가.

이번엔 병증이 크게 와서, 아마 말씀을 못 하고, 혼자서 휠체어를 타면 다행이라고 말씀하셨다. 순간 정신이 멍해졌다. 그렇게 강하고 건강하신 분이 한순간에 이렇게 되시다니. 말년에 무슨 운명의 장난이란 말인가. 본인이 크게 실망하고 놀라실 것이 걱정이었다.

아내 잃고 자식 잃고 이렇게 된단 말인가. 생로병사는 누구나 겪는 인생의 필연 운명이지만 너무 가혹하다고 생각했다. 내 기도가 잘못됐나. 그 터는 흉가의 터란 말인가. 그전에 산전수전 공중전에 부처님전까지 겪은 나지만, 참말이지 아버지의 인생이 가혹하고 불쌍하다고 생각했다.

나는 이런 일들이 너무하다고 생각했지만 담담했다. 요동치는 마음이 없었다. 그냥 순응하며 지냈다. 마음이 요동치고 남을 원망해 봤자 텅 빈 공간에 침 뱉는 격이며 괜한 바람을 일으키는 것이다. 침 뱉으면 나에게 떨어지고, 바람만 일렁이면 지금부터 하는 병간호가 너무 힘들 것이다.

병간호를 시작한 지 한 달여가 지났다. 그전엔 힘들어서 들리지 않던 소리가 조금씩 들려왔다. 아버지 병간호를 하니 조계종 스님이 아니라는 것이다. 승복을 입고 간호를 하니 종파가 궁금했나 보다.

출가한 지 얼마 안 되어서는 찾아뵙지도 않았고, 아버지가 찾아오시면 냉정하게 대했다. 그것이 잘한 것인 줄 알았다. 세월이 지나서 철이 좀 들어보니 잘못 생각한 것 같았다. 남에게는 따뜻하게 대하고 자비를 베풀면서, 어찌 나를 낳고 길러준 부모에게 냉정히 대한단 말인가. 부모님도 제도할 분들이고, 제도할 땐 온화하고 따뜻한 마음이 제일이건만 말이다.

바로 옆 병상에는 유명한 스님이 누워계셨다. 책을 많이 내고, 방송도 하시고, 인기 있는 스님인데, 그 스님도 뇌경색으로 들어오셨는데 병세가 심하다. 하도 안 돼 보여서, 그리고 조금이나마 병세에 호전이 생길까 해서 다가가 이마에 뽀뽀하며 "사랑해요." 표현을 하니 놀라신 건지, 표정이 급하게 바뀌셨다.

스님은 남에게 사랑을 주기만 했지. 사랑을 받기도 하는가? 어디서 그런 용기가 나왔는지 모르겠다. 그 후 퇴원하고 외래 진료하러 병원에 다니면서 스님의 안부를 물어봤는데 알 수가 없었다. 어느 사찰에서 건강히 잘 사실 거로 생각한다.

한 번은 재미있는 사건이 있었는데, 그 일은 밤에 일어났다. 밤에는 가끔, 환자 보호자들이 밖에서 사 온 야식을 먹는다. 곡차도 곁들여서 말이다. 단합대회라고 생각해도 좋다. 그러니 밤에 몰래 뜻맞는 사람들과 먹는데, 이것은 병원에서는 금기사항이다.

일과가 끝나고 커튼을 치고, 자려고 누워 있는데, 조

용히 "스님~"하고 불렀다. 낮에 공수해 온 음식과 곡차를 펼치며 나를 부르자고 했다는 것이다. 못 들은 척하고 누워 있었다. 사실 그곳에 나까지 끼면 모양새가 좋지 않아서다. 그들은 재미있는 이야기를 하면서 그동안의 피곤과 스트레스를 풀고 있었다.

아니나 다를까 밤에 회진하면서 간호사에게 그 현장을 들켜버렸다. 간호사의 따끔한 충고와 함께 야식은 마무리됐지만, 야식 먹는 자리에 내가 없는 것을 안 간호사는, 내가 있는 병실의 커튼을 젖히더니 나를 확인하는 것이다. 자는 나를 보더니, 안심의 숨을 내쉬는 것이었다. 만약 그곳에 있었다면 어떻게 되었을까? 안 좋은 소문이 났겠지!

이제 모든 일과 결과는 부처님께 맡기고 나는 아버지 거사님을 빨리 낮게 하는 일에 최선을 다하자. 병고로써 말을 못하고, 수저를 들지 못하고, 걷지를 못하셨다. 처음에 제일 힘든 일은 기저귀를 채우는 일이다. 언제 한번 해봤나, 누가 가르쳐 주기나 하나. 옆에서 하는 것을 눈썰미로 보면서 하는 것이다. 여러 번 실수하며 이곳저곳 변을 묻혔지만 이내 곧잘 하게 됐다.

병간호를 오래 하니 힘들고 지쳐온다. 요양보호사를 쓰자니 요금이 만만치 않다. 이렇게 하다 수행도 못 하나 하는 생각과 여러 고민거리가 떠올랐다. 월명리 목넘어 계곡이 그리웠다. 그곳은 나의 편안한 안식처이자 부처님의 고향 같았다. 그곳을 떠나 사는 것 자체가 힘들지만, 이것도 수행이요 기도라고 믿으며 봉양을 했다.

24시간 매달려서 병간호를 하는 일이 정말이지 쉽지 않다. 특히 공양을 잘 안 드시고 나중엔 콧줄을 연결했지만, 몸을 올리고 내리고, 들어 휠체어에 태우는 것이 힘에 부쳤고 점점 기운이 빠져갔다. 병세의 차도는 전혀 없었다. 아버지는 자신을 포기하신 것 같았다. 치료에 협조하지도 않고, 완전히 어린 아이가 되셨다. 어머니께서 살아계셨으면 이러시지는 않았을 텐데 싶었다.

인지가 0점이지만 가끔 돌아오곤 했다. 속으로 당신

의 처지를 얼마나 비참하게 생각하셨을까. 훗날 음식점으로 모시고 갔다. 음식을 먹고 나오면서 당신이 비치는 큰 거울을 우연히 보셨다. 당신의 변형된 모습을 보고 매우 놀라하시더라! 건강은 건강할 때 유지하고 지키는 것이다. 건강을 잃으면 어찌할 수가 없는 것이다. 나이가 들면 회복하기가 정말 힘들고 어렵다.

어느 날 병원에 외박을 허락받고 정이 든 당신의 집으로 돌아왔다. 집으로 돌아와도 드시는 건 힘들었다. 삼키는 걸 못하셨다. 입안에 음식물을 한가득 물고만 있다. 얼마나 배가 고프실까. 살이 많이 빠지셨다.

몇십 년을 살아오신 이 집에 정이 많이 드셨을 것이다. 손수 집수리도 하고, 좋은 집을 가꾸기 위해 꽃과 나무를 심은 곳이다. 자식들을 키우고, 아버지의 청년과 장년 그리고 노년을 묻은 곳이다.

노력을 해봤지만 도통 병에 호전을 보이지 않았다. 그래서 담당 교수님께 말씀드리고 집으로 모셔와 병간호를 계속했다. 추억의 집으로 돌아오면 조금이라도 좋아지지 않나 해서였다.

집으로 돌아온 아버지의 기세는 좋아졌다. 세졌다고 할까. 그러나 병은 더 나아지지 않았다. 특히 드시는 걸 못 잡수셨다. 코의 줄을 빼서 콧속을 통해 음료 음식을 넣어드렸다. 문제는 그것이 불편했는지 나만 보이지 않으면 콧줄을 빼내시는 것이다. 그러면 병원에 가서 다시 넣고, 귀가하면 다시 빼고, 하루에도 몇 번씩 그랬다. 서로 힘은 들고, 음식을 못 잡수시니 몸은 마르고 점점 여위어갔다.

그 와중에도 나는 기도와 참선을 놓지 않고 꾸준히 이어나갔다. 아버지 병간호를 잠시 동생에게 맡기고, 늘 생각나는 곳 나의 수행처로 잠시 다녀오기로 했다. 나에게 병간호라는 힘든 일이 찾아왔고, 힘든 시간이 흘러갔지만, 산천은 그대로 있었다. 고요한 기운과 주위의 경치가 힘든 일을 어느덧 잊게 했다. 그리고 마음을 힐링하게 되었다.

'이곳 공기는 왜 이리 좋은 건지.' 산새들도 잠시 떠나 있는 나를 아는지 모르는지, 예쁜 목소리로 지친 나를 반기는 듯하였다. 그래, 나는 새와 인연이 있지!

하는 생각을 하며 문을 열고 방으로 들어섰다. 겨울인데도 물이 얼지 않고, 보일러도 고장나지 않았다. 방을 청소하고 법당에 참선 방석을 펴고 자리에 앉았다.

수행이 잘 되는지 안 되는지도 모르지만, 아니 수행을 잊어갔다. 그냥 참선 방석에 앉아 있는 것만으로도 행복했다. 마음이 너무 편안했다. 이곳에서 죽어도 좋다는 생각이 들었다. 송충이는 솔잎을 먹고 살아야 하듯, 스님은 수행자의 삶이 솔잎을 먹고 살아가는 것이고, 올바른 삶이다. 참선 방석 위가 삶의 터전이고, 현재이며, 미래이다.

옛날, 한 비구니 스님이 환속했다. 그 스님은 수행을 잘하다 인연에 이끌려 결혼을 하고 세속으로 돌아간 것이다. 몇 년의 세월이 흘렀다. 절집 안이 그립기도 하고, 스님 시절에 잘 돌봐주던 사형 스님의 절에 들렀다.

반갑게 맞아주는 사형 스님께 인사하고 보니, 방안에 걸려 있는 승복 한 벌이 눈에 띄었다. 순간 너무 입고 싶어졌다. 허락을 받고 부엌으로 가서 승복을 입어 보았다. 순간 눈물이 왈칵하고 쏟아져 나왔다. 나중엔 너무 서러워 엉엉 소리내어 울어버렸다.

꼭 있어야 할 곳에 내가 없으면 그것처럼 서러운 것이 없다. 나는 출가하기 전에 이런 일을 겪었다. 사찰에서 부처님을 뵈면 그렇게 슬플 수가 없었다. 무엇에 이끌리는 듯 어느 땐 나도 모르게 울음을 흘리고 있었다. '그 슬프고 애닯던 마음은 어디에 갔는가?'

돈을 많이 주거나 권력이 있어서가 아니다. 꼭 해보고 싶은 일. 내가 간절히 원하는 일이기 때문이다. 그것은 영혼의 일이다. 그것을 하지 못하면 영혼은 아파하고 길을 잃을 것이다. 삶에 의욕이 없고 방황하게 된다. 영혼이 가출한 상태다. 영혼을 팔아먹은 자는 몇이나 되는가?

동생에게서 전화가 왔다. 아버지께서 숨도 제대로 쉬지 못하고 위급하다는 것이다. 떠나온 지 얼마 지나지 않아서였다. 얼른 병원으로 모시고 가라고 일렀다. 급히 서둘러서 전에 입원했던 병원에 도착했다. 응급실에 누워 계셨다. 힘이 없고 초라해 보였다. 다행히 위급한 상황을 넘겼으나 언제 어떻게 상황이 전개될지는 모른다고 하였다.

나는 담당 의사에게 내가 아는 병원이 있어서 그곳으로 모시고 가려고 한다고 하였더니, "빨리 말하지요." 하면서, 응급실 의사는 서류에 사인했다. 내가 원하는 불교대학 병원으로 모셨다. 아버지를 응급실 차에 모시고 나는 차를 끌고 뒤를 따랐다.

도착하자마자 여러 검사를 하더니 수술을 해야 한다고 알려 왔다. 심장이 막혀 있어 빨리 수술을 해야 한단다. 나는 수술동의서에 사인하면서 울고, 상황이 급했던지 내가 보는 앞에서 아버지 거사님의 옷을 찢으며 수술실로 이동하고 있었다.

수술을 담당하는 교수가 수술실에서 나와서 말했다. 다행히 막혀 있던 심장이 저절로 뚫려 수술은 하지 않았다고 하였다. 천만다행이었다. 아버지 거사님도 지켜주는 수호신이 있구나! 심장내과에 며칠 입원을 하고 다시 신경내과에 입원하였다. 나 혼자서 병세가 심한 환자를 돌보는 일은 어렵다. 의사나 간호사의, 전문인의 도움을 받는 것이 환자에게도 나은 것이다.

이렇게 해서 다시 병원생활이 시작되었다. 우여곡절을 겪으며, 재활치료 등 여러 가지의 치료를 받았으나 병고는 좀처럼 나아지지 않았다. 힘든 시간 내내 나를 버텨준 것은, 기도하는 일과와 하루 일을 마치고 나서, 밤에 편의점에 내려가 아이스크림을 사 먹는 일이었다. 그렇게 시원하고 달고 맛있을 수가 없다. 하루의 피곤이 아이스크림 한 입에 풀리는 것 같았다.

1개월이 지나 외박을 끊었다. 이번에는 나의 수행처인 목넘어 계곡으로 차를 몰았다. 차를 타시면서 기분이 좋으신 표정이었다. 얼굴이 조금은 편안해 보였다. 오랜 병고에 가장 아프고 힘든 분은 환자다. 서럽고 억울한 생각을 할 것이다. 몰래 눈물을 훔치시는 걸 보았다. 아주 강한 분인데, 이렇게까지 아픔을 주는 병이 얄밉고 싫었다.

그러나 병을 대신 앓아줄 사람은 없지 않은가. 오랜 병고와 병원생활에 지친 심신이다. 여건을 바꿀 필요가 있었다. 차를 타고 야외로 나가 분위기를 바꾸니, 기분전환에 좋고 산수 자연을 가까이하면 면역력도 좋아진다. 그리고 희망을 품을 수 있다.

절에 들어선 후 아버지를 부축해서 법당을 보여드렸다. 이상한 눈치로 법당을 바라보셨다. 그리고 억지로 운동을 시켰다. 그 운동이 심했는지 빨리 떠나고 싶어 하셨다. 하룻밤을 묶고 갈 계획이었는데.

"그래요. 지금 떠나지요."

거사님은 떠나지 않으려는 표정과 제스처를 보이셨다. 가볍게 저녁공양을 마치고 이불을 깔고 누웠다. 그동안 병상 옆 간이침상에서 잠을 청했는데, 이불을 깔고 바닥에 누우니 편안했다. 그리고 눈을 떠보니 이른 아침이었다. 오랜만에 법당에 들어가 좌선을 했다. 그리고 기적이 일어났다.

"잘 주무셨어요?"

인사를 하니 확실치 않지만, 말을 하지 못했던 거사

님은 가슴을 위로 한껏 올리고 입을 살짝 벌리며 '웅' 가까운 소리, 목이 타들어 가는 소리가 들렸다. 지금까지 한 번도 보이지 않던 표정을 지으셨다. 미소였다. 그것도 크게 환한 미소. 이가 빠진 그 환한 미소. 꽃이 활짝 핀 미소. 아이의 웃음이었다. 예쁘고 기뻤지만, 마음이 아련해 아파졌다. 가슴에서 올라오는 뭉텅한 슬픔이 지나갔다.

병고의 세월을 몇 년 지내고 보니, 아버지는 어느새 새하얀 어린아이가 돼버린 것이다. 그동안 병원에서는 잘 주무시지 못했나 보다. 주위가 고요하고 편안한 자리에서 꿀잠을 주무신 것이다.

'역시 명당이다.' '나의 눈이 나쁘진 않았다.' 싶었다.

다음날 병원으로, 담당 교수께 찾아가서, 절에 가서 치료하고 요양하겠다고 말씀드렸다. 담당 교수는, 차도가 없으니 조용한 절에서 치료하고 요양하는 것도 좋겠다며, 한 달에 한 번 외래진찰을 받으러 오라며 허락을 했다. 병원을 떠난다니 기뻤다. 같은 병실에 있는 분들께 작별 인사를 드렸다. 짐을 챙겨 퇴원 절

차를 밟고 월명리 관음선원으로 출발하였다.

절집으로 모셔오니 좋아하셨다. 이곳에서 거사님은 병고에 시달린 후 처음으로 음식을 삼킬 수 있었다. 치아가 별로 없지만 밥을 씹어서 잡수시고, 나물 반찬을 숫째 폭풍흡입 하셨다.

인연이란 이런 것인가. 거사님이 오신 때를 맞추어 봄이 되었다. 마을 사람들이 산에 올라가서 캔 더덕을 나누어 주고, 취나물을 뜯어서 무쳐 먹으라며 주고 가셨다. 더덕은 깨끗이 손질해서 고추장을 발라 구워내니, 게 눈 감추듯 잡수셨다. 취나물은 데쳐서 간장 양념에 무쳐 내니, 손가락으로 가리키며 더 달라고 하셨다.

인지능력이 0점이었지만 가끔 제 정신이 돌아오시는 것 같았다. 그렇게 잘 드시니 살이 올라 야윈 모습이 사라져가기 시작했다. 잘 드시는 걸 보니 나도 흐뭇하고 간호하는 보람이 생겼지만, 병원에서는 없던 힘든 일이 생기기도 하였다.

내가 지금까지 표현하지 못했던 "사랑합니다."를 자

주 외쳤다. 춤을 추며 어리광을 부리고, 아버지를 외치며 감사의 마음을 전했다. 이곳에서 새로운 점을 발견한 것은 아버지의 얼굴에서랄까. 가까이서 본 모습에서는 무서움이 상당히 느껴졌다고 할까. 눈이 호랑이처럼 무서웠다. 거사님은 섬뜩할 만치 강한 안광의 소유자셨다. 나는 수행자여서 웬만한 것에는 놀라지 않지만, 아버지의 안광에는 놀라움을 금치 못했다.

나는 병간호와 수행을 병행해야만 했다. 간호하고, 공양을 지어 스스로 드시지 못하니 떠 먹여 드린 후에야 기도를 하고 좌선을 했다. 한 가지도 제대로 해내기 어려운 일이지만 나는 묵묵히 해나갔다. 내가 이런 일들을 해낼 수 있었던 것은 수행의 힘이라고 믿고 있다. 그나저나 병원에서 지내는 일과보다는 나았다. 그렇지만 힘에 부쳤다.

대소변을 받아내는 일은 그래도 괜찮다. 목욕을 씻기면 나를 꼬집어대는 것도 견딜 만하였다. 운동하지 않으려고 버티는 것도 이해가 갔다. 그러나 밥을 떠드리는데 안 먹는다고 도리도리 칠 때는 나의 기합이 빠져 뒤로 자빠져저리곤 했다. 그렇게 몇 번의 실랑이가 오가고 나면 그때서야 조금 드셨다.

그럴 때면 내 몸과 마음의 진이 빠졌다. 힘들지만 이를 악물고 해낸 동기가 있다. 내가 아기였을 때 부모님이 똥오줌을 받아내고 아픈 것을 보살피고, 우여곡절 겪으며 어렵고 힘들게 키우셨는데, 이 정도도 못 해내겠냐고 생각을 하면 얼른 정신이 들었다. 하지만 병자인 어른을 혼자 모시는 일은 힘들었다. 이가 아프고 흔들리고, 허리가 끊어질 정도로 아팠다.

바로 이거다. 3년간 모셨던 힘은 수행의 힘과 부모님의 은혜를 받은 고마운 마음.

사실 처음엔 수행을 못 할 것만 같았다. 힘든 환자를 간호하면서 열심히 수행하기는 이루기 힘든 일이기 때문이다. 그래서 수행을 한동안 멀리하려고 하였다.

'돌아! 포기하지 마! 9회 말 만루 홈런을 치는 수행자가 되어야 해.'

새벽엔 몰래 일어나 좌선을 하였지만 힘든 수행이었다. 사시예불을 드리며, 오후에는 밖에 볼일이 있으면 나갔다 왔다. 볼일이 없으면 좌선을 하던가 글을 쓰고 책을 읽었다. 저녁기도를 하고 방에 돌아오면, 거사님이 기뻐하며 고개를 끄떡이며 만족한 듯 환하게 웃으셨다. 리듬을 주며 빠르게 치는 목탁 소리가 듣기 좋았을 것이다.

나는 거사님을 모시면서 법회를 열었다. 지금 생각하니 내가 제정신이 아니었을지도 모른다. 병자를 간호하면서 새벽부터 밤늦게까지 수행을 하고 살림을 살면서, 신도들을 이끌어 법회를 보았으니 말이다. 하고 싶은 마음이 가득 차서 힘든 것도 모르고 설친 시절이었다.

한때는 법회 장소가 좁고, 법회시에 모실 곳이 마땅한 데가 없어서, 잠시 텐트에서 쉬시게 하였다. 그런데 크게 불편하셨는지 텐트 문을 어떻게 열었는지, 걷지도 못하는 다리를 질질 끌며 나오셨다. 그리고는 땅바닥을 기어 다니시는 것이 아닌가. 그 상황을 바라보니 그만 울컥하면서 울음보를 터뜨렸다. 거사님도 나의 우는 모습을 보시더니, 당신도 그만 서럽게 따라 우시더라. 우리는 서로 부둥켜 안고 크게 소리를 내며 한동안 울었다.

'아버지 잘못했어요. 미안해요. 다시는 안 그럴게요.'

슬프고 당황한 거사님에게 요거트를 떠드리며 안정시켰다. 비록 출가 수행자이지만 한 자식으로서 이 일은 참 부끄럽고 창피했다. 가난하지만 위상은 비굴하지 않고 당당하게 살았고, 재물이 생기면 나보다 남을 먼저 생각하였다. 이 일로 결국 작은 컨테이너를 들여놓게 되었는데, 나의 기억에서 지워지지 않는 하나의 사건으로 남았다.

목욕을 자주 시켜드리지는 못했다. 평소에 목욕을 좋아하시는 것도 아니었다. 목욕탕은 콧속으로 들어오는 뜨거운 열기가 싫으시다며 목욕탕 이용을 잘 안 하셨다. 대부분 집에서 씻으셨다. 그러니 저항이 만만치 않았다. 나를 밀치고 안 되면 꼬집었다. 입에는 음식을 한가득 물고 있어, 어떻게라도 음식물을 끄집어

내려고 하여도, 입을 꽉 다물고서 좀처럼 기회를 주지 않으셨다. 그날은 몸을 씻겨드리며 항문에 손을 댔다. 평소 앉아 있거나 누워 있어서 변을 시원하게 보지 못하시는지라 항문을 씻으면서 손가락을 조심스럽게 넣어봤다. 꽉 차 있었다.

손가락으로 조심스럽게 긁어내었다. 더럽다는 감정이 들지 않았다. 조금이라도 불편을 덜어주겠다는 심정이었다. 당신도 시원한지 가만히 계셨다. 이것이 가족의 정인가. 부모와 자식의 관계인가. 어른에 대한 배려인가. 아버지는 내가 존경하는 어른이다. 부모님이지만 영웅처럼 믿고 따르던 분이다.

'그러면 왜 부모님을 저버리고 출가를 하였는가!'

나는 숙명이라 생각한다. 전생에서부터 이어온 숙명. 부모님은 나의 숙명을 이루기 위해 지금까지 뒷바라지하고 마지막에는 큰 선물을 주고 떠나셨다. 부모님은 나에겐 수호신이며 전생에서부터 이어온 인연의 중심에 서 계신다. 나는 숙명을 이루었고 이제 마지막 목표를 향해 가고 있다. 그 목표는 꼭 이루어야 할, 부모님과 영혼의 약속이다.

나는 마지막 목표를 이루기 위해 지구별에 태어났다. 모진 고난과 고통을 감수해가며 배우고 또 갈고 닦았다. 그리고 지금도 그 길을 걸어가는 중이다. 이 길은 쉽지 않은 길이다. 결코 녹록하지 않다.

호락호락 그냥 주어지는 것은 아무것도 없지 않은가. 그렇지만 모든 성인이 이 길을 걸었고, 수행자라면 걸어가고 싶은 길이다. 나도 그 길을 걸어가고 싶다. 꼭 잘 마쳐야 하는 소망이 있다. 소망의 이룸을 지구에서 하고 싶은 것이다. 우리 모두의 고향인 지구에서.

5장

수 행

마음 수행의 완성

불교는 아름답고 위대하다. 만고에 빛나는 가르침이기 때문이다. 누구나 마음을 통해 깨달음이나 부처를 이룰 수 있는 거룩한 사상이다. 지구상에서 유일하면서도 독특한 가르침을 가지고 있다. 내가 부처가 될 수 있다는 가르침은 사실 혁명적인 사건이다.

왜 그럴 수 있냐고 물으면, 우리는 본래 아름답고 천진한 마음을 가졌던 존재들이기 때문이다. 본래부터 원죄를 지은 존재이었다면 우리는 끝내 스스로 구제받을 수 없을 것이다.

원죄는 아무리 구원받으려 해도 그 죄에서 벗어날 수 없다. 뿌리가 썩었기 때문이다. 나무의 뿌리가 썩으면 병으로 고생하다가 결국에는 죽고 만다. 타인의 구원만을 기다리다 죽는 것이다. 까만 고무신은 아무리 닦아도 흰 고무신이 될 수는 없다. 원죄가 본래 있다면 그 죄는 없어질 수 없다.

우리의 본래 모습은 하얀 고무신처럼 깨끗하고 빛이 나는 천진스러운 무심의 마음을 가지고 있었다. 어디에 있든, 무엇을 하든, 화를 내든, 우리의 본 모습은 맑고 깨끗한 광명을 품고 있다는 사실을 잊으면 안 된다. 그래서 모든 마음 수행은 회복이 첫번째 일이다.

맑고 밝은 마음의 회복. 본래 있는 것을 회복하고 바라볼 뿐이지 새로 만들어내거나 새로이 찾아 나서는 것은 아니다. 깨친 지와 깨닫지 못한 자의 차이는 깨친 자는 있는 그대로 바로 보지만, 깨치지 못한 자는 만들어서 보려고 한다. 그래서 회복이 어렵고 느린 것이다.

그런데 우리는 대부분 참된 마음과 분리되어 있다. 쉽게 말해서 나누어졌다는 말이다. 원래는 하나였지만 참된 마음인 불성, 법계, 허공 사이에 내가 만든 벽이 놓여 서로 간에 경계가 생긴 것이다. 누구 때문만은 아니다. 내 탓이다. 나의 마음이 불성, 법계, 허공과 합쳐져 하나가 되면 그것이 바로 견성이고 계합한 것이며 깨달은 것이다.

마음 수행은 사실 보통 사람들이 진리를 깨닫는 방법이다. 수행을 통해서는 오랜 시간이 걸릴 수 있다. 그렇지만 수행하지 않고는 깨닫지 못하는 게 사실이다. 우리는 수행을 통해 깨달음을 끌어내야 한다. 근기가 뛰어나고 공덕이 많은 분은 수행하지 않고도 스승의 가르침에 의지해 곧바로 참마음(진리)에 계합을 한다.

붓다께서는 새벽녘에 밝은 별을 보고 스스로 계합을 했고, 큰 선지식들은 빛과 소리에 계합한 분들이 많았다. 붓다의 깨달음은 계합에서 나왔다. 출가하여 많은 수행을 하며 선정禪定 수행의 최고 경지에 올랐지만 만족하지 않았다. 그 당시 수행자라면 꼭 거쳐야 할 고행의 올가미도 풀어내고, 중도로서 시작한 무심의 경지에서 샛별을 본 순간 계합하여 크게 깨달았던 것이다.

계합은 서로 들어맞는 것이다. 둘이었던 현상이나 진리가 서로 꼭 들어 맞아 하나가 되는 것이다. 중생의 마음이었던 나의 마음과 우주 법계(법신)가 꼭 들어 맞아 하나가 되어 깨달음을 얻는다.

물과 물은 잘 합쳐진다. 온도의 차이가 나거나, 더럽거나 깨끗해도 잘 결합(계합)하여 섞인다. 속성이 같기 때문이다. 그러나 물과 기름은 섞어지지 않는다. 아무리 섞으려고 해도 둘은 도무지 하나가 되지 못한다. 속성이 다르기 때문이다.

나의 마음과 우주 법계는 속성이 같으므로 계합하여 하나가 된다. 물론 속성이 같기 때문이다. 지극히 고요한 속성을 가지고 있고, 고요함 속에 만물을 만들어 내는 에너지가 들어있는 것이다.

여곤의 신음어에는 이런 말이 있다.
우주 자연의 정묘함과
성품의 오묘함은
오직 고요하게 바라보는 자만이 알 수 있고
오직 고요하게 기르는 자만이 계합할 수 있다.
마음이 고요해야 자세하고 진실하게 바라볼 수 있다.
거기에다 고요한 힘이 더해지면 계합할 수 있다.

계합하지 않고는 크게 깨닫지 못한다. 수행 방법으로 깨달으려 하지만 헛수고가 많다. 왜냐하면, 소를 타고 소를 찾으려 하기 때문이다. 마음에서 마음을 찾으려 하기 때문이다. 화두나 염불 등은 수행 방법이다. 수단일 뿐이다. 방법이나 수단이 없이는 참마음을 찾지 못하지만, 그것이 궁극적인 목표일 수는 없다.

마음 수행을 위해서는 우선 발심을 일으켜야 한다. 발심은 발 보리심의 준말이다. 보리의 마음을 일으킨다. 보리는 깨달음이다. 깨달음을 이루는 마음이다.

발심하기 위해서는 마음에 뼈저린 무상함이 찾아오는 것이 가장 크고 확실하다. 일상생활에서의 발심. 그 다음에는 수행을 통한 발심이다.

경전의 말씀이나 선지식의 법문 등에 의하여 발심하는 것이 두 번째이다.

그리고 보시의 공덕으로 인해 발심해 나가는 것이 세 번째이다.

무상의 발심은 그만큼 확실하고 강력하며 큰 깨달음을 가져올 수 있다. 발심의 발로가 커야 완성도가 높은 것을 알아야 한다. 그리고 수행자는 발심을 한 번에 그치는 것이 아니라, 자주 발심해야 한다. 지혜심과 자비심을 갖고, 견고한 마음을 다지는 것이 무엇보다 중요하다.

발심의 발로가 크면 깨달음의 소식도 크게 오는 것이다. 그래서 마음 수행에서 발심은 무엇보다도 중요하다.

많은 분이 불법 문중에 들어와서 수행하지만 깨달음을 얻지 못하는 까닭은 대부분 발심의 문제이다. 제대로 된 발심이 아니라 자신의 안위만을 위하거나 아예 발심이 없는 경우에는, 수행은 자신의 업을 따라가게 되어 있다.

무슨 말이냐 하면, 발심이 약하기 때문에 수행이 공덕을 이루는 것이 아니라, 자신도 모르게 자기의 악업을 따라가는 것이다. 수행자는 열심히 수행을 하지만, 그 자리를 벗어나지 못하고 자꾸만 맴돌게 된다. 보배가 있는 곳으로 이끄나 일어나서 가지 않는 거와 같다.

원래의 마음을 회복하여 마음이 맑고 밝은 수행자를 진인眞人이라고 부른다. 진인은 참된 사람이다. 인간이 맑고 밝은, 바르고 착한 성품을 회복하는 일은 쉽지 않다. 억겁을 두고 쌓아온 업연의 끈이 질기기 때문이다. 질긴 업연의 끈을 끊고 나오는 생명은 새로 태어난 사람이다.

나에 집착하는 소아小我의 생명은 죽고, 집착을 버리고 텅 빈 마음으로 다시 태어난 새로운 대아大我의 생명이다. 새로운 인생의 출발점에 서 있는 거다. 마음이 죽었다 살아나온 생명이다.

인간이 과거의 나쁜 습관을 버리고 새롭게 태어나려면, 반드시 죽었다가 다시 살아 나와야 한다. 의아해 할 수 있겠지만 분명 죽었다 다시 살아 나와야 한다. 육체가 아니라 마음이 죽어서 살아 나와야 한다. 그래서 진인이 되려면 반드시 죽어서 다시 살아 나와야 한다.

하늘이 무너져 앞뒤 좌우가 꽉 막히면 숨을 쉴 수 없을 정도로 답답할 것이다. 이럴 때 무슨 생각을 할 것인가. 이러할 때 다시 상하上下를 꽉 막아 놓으면 마음은 그 자리에서 죽는다.

그리고 스스로 생명력이 있어 다시 태어나는데, 이럴 때 마음 깊숙이 청정한 본연의 마음자리에 들어가서 나오기 때문에 과거의 나쁜 습관을 버리고 새로이 태어나 참사람이 되는 것이다.

마음 수행에서 중요한 일은 나의 성품을 보는 것에 있다. 또는 내 부처를 보는 일에 참된 뜻이 있다. 또는 텅 빈 공성을 보는 것에도 좋은 뜻이 있다. 이것을 견성見性이라 하고 견불見佛이라 하며, 견허見虛라고 말할 수도 있다. 견성과 견불과 견허는 같다고 봐야 한다. 왜냐하면 이 셋은 지극히 고요한 적멸을 근본으로 삼고 빛이 사무쳐 있기 때문이다.

단지 수행 방법에 집착하면 수행의 완성은 이루지 못할 것이다. 마음 수행은 참마음을 보기 위한 것이다. 자질이 뛰어난 이들은 선지식의 말 끝에 또는 순수자연을 바라보며 마음이 허공과 합쳐진다.

화두도 경계를 넘기 전에는 달을 가리키는 손가락일

뿐이다. 의정심이 지속하면 단번에 뛰어난 자로 바뀌어 화두를 타파하는 것이다. 끼워 맞추는 수행을 하고 생각으로 수행을 하는 일로는 손가락을 볼 뿐이다.

깨달음은 전혀 다른 세계가 아니다. 만들어진 세계도 아니고 신비의 신선주의도 아니다. 각기 다른 색상과 빛깔의 허공이 벗겨져 지극히 청정하고 고요하다.

깨달음은 단지 막혀 있고 인위적인 시점이 열려서, 근원적 모습을 넓고 깊게 들여다보는 것이지 별다른 것이 아니다. 그리고 막혀 있고 인위적인 시점이 완전히 열리면서 일체가 나와 다르지 않음을 깨닫는 대광명의 일심을 바라보는 일이다.

참된 허공은 진공묘유다.

왜냐면 살아 있는 생명을 생성할 수 없으면 죽은 공空이기 때문이다. 이 진공묘유의 본체인 허공을 관하면, 곧 관음觀音이 된다. 관음은 다시 광음光陰으로 해석할 수 있다. 관의 본다는 것은 사실 빛을 보는 것이기 때문이다. 우리가 보는 것은 색을 보는 것이 아니라 빛의 파장을 보는 것이다.

관음은 빛과 소리이고, 빛과 소리는 인간 성품과 생명의 근원이라 할 수 있다. 우리가 관음을 부르면 해탈할 수 있는 이유가 여기에 있다. 생명의 실상은 빛이고 소리이다. 그래서 만물은 빛과 소리를 벗어날 수 없다.

빛과 소리는 허공을 모태로 나타났다가 사라지고, 이리저리 인연의 법칙에 따라 옮겨 다니며 만물을 만들어 낸다. 그것이 우리가 쉽게 알 수 있는 세포이고 DNA이다. 세포와 DNA를 깊게 들여다보면 빛과 소리이다.

각 세포의 크기는 아주 작다. 눈으로는 볼 수가 없다. 세포 안에는 먼 과거에서부터 살아온, 태어나고 먹고 숨 쉬고 활동한 생명의 것들이 축약되어 있다. 그리고 그 세계에는 상상하지 못할 세계가 숨겨 있다. 붓다는 그것을 깨달은 것이고, 그래서 일체지一切智(일체 모든 것을 아는 지혜)를 득한 자가 되었다.

아직까지 실체가 확실히 밝혀지지 않은 우주의 암흑물질, 암흑에너지도 우주의 세포이며 DNA이다. 우리의 세포 그리고 DNA와는 다르지만, 거기에는 우주의 역사와 존재 이유 그리고 우주 운행의 비밀이 들어 있다. 암흑물질, 암흑에너지는 우주의 세포이며, 우주 건국의 참된 주인공들이다.

나의 성품을 바로 보는 것을 견성見性이라 한다. 성품은 마음이라고도 할 수 있다. 견성을 해야지만 일단 부처가 될 수 있다. 성품을 본다는 것은 허공의 진면목을 깨닫는 일이다. 마음의 핵심은 성품이고, 성품의 핵심은 허공이다. 견성은 허공과 빛을 사무쳐 통달한 것이다.

석가모니 부처님께서 이 세상에 오셔서 하신 거룩한 불사는, 마음을 알고 자신의 성품을 보는 견성법에 있다. 인류사에서 획기적이고 위대하며 훌륭한 발견이다. 창조적 사상을 펼쳐 많은 사람을 스스로 갇힌 어둠에서 끌어내어 지혜와 자비를 회복하는 일이기 때문이다. 부처님의 가장 훌륭한 업적이다.

부처님은 허공을 잘 꿰뚫어 본 분이다. 마음의 실체를 가장 깊이 그리고 높고 넓게 비추어 본 분이다. 그의 시각은 냉철하면서도 온화하면서 광명을 발산한다. 한마디로 완성된 시점이다. 천재 물리학자 아인슈타인도 부처님의 이런 시각을 인정하고 허공관에 대하여 감탄을 하였다.

선禪자를 살펴보면 보일 시示자와 홑 단單자의 합성어이다. 혼자 보는 것이 선이다. 선은 혼자의 일이다. 무엇을 혼자 보는 것인가? 마음을 보아서(지止 사마타. 하나의 대상에 집중) 살피는(관觀 위빠사나. 대상에 대하여 관찰, 분석적인 인식) 일이다.

마음을 집중하면 대상에 대해 깊이 그리고 넓게 마음을 모을 수 있고, 빼어난 힘과 환희의 법열을 얻을 수 있다. 지止(사마타 집중)가 이루어지면 관觀(위빠사나 관찰)은 지에 의해서 집중한 대상의 진실의 뛰어난 안목을 가진다.

처음 수행은 지(사마타)와 관(위빠사나)이 평행성을 이루지 못하고 따로따로 갈 수 있다. 이것은 수행이 안정되지 않고 순숙되지 않아서 그렇다. 수행이 오래되어 힘이 생기고 익으면 지와 관이 함께 가게 된다.

이럴 때 수행의 좋은 결과를 성취하게 된다. 지관이 함께 가야 이상적인 수행이며, 깨달음을 이룰 수 있고, 견성한 것이며, 지혜와 자비를 얻어 부처가 될 수 있다.

지(사마타 집중)를 수행하면서 진리를 관찰하는 것이 관(위빠사나)이다.

-보운경-

마음을 보아 살피면 항상 머물지 않는 마음을 보고, 마음의 고요하고 텅 빈 상태를 깨닫게 된다. 항상 텅 비어 있는 것이 아니라 생명 에너지가 깃드는 진공묘유의 진실을 알고, 고요한 텅 빈 마음과 활연자재한 우주가 합쳐져 다르지 않음을 깨닫는 것이다.

一念念佛觀世音 일념염불관세음
念到念窮無念處 염도염궁무념처
觀音光明遍三千 관음광명변삼천

오로지 일념으로 관세음보살을 염불하라
염불하는 생각이 지극하여 무념에 다다르면
관음의 광명이 삼천대천세계에 두루하리라

오로지 일심으로 관세음보살을 염念해야 한다. 그저 외듯이, 생각으로 관세음보살을 찾지 말고 마음으로 정성스럽고 간절하게 생각을 이어가야 한다. 명호가 몸과 마음에 서로 붙어 있듯 이어지고 합쳐져 하나가 되도록 만들면, 한 생각이 지속되는 일념이 될 것이다. 일념이 되면 번뇌가 녹아 공성空性을 깨닫게 되고, 공성을 지나 수행자의 자질에 따라 빠르거나 더디기도 하지만, 이 일념에서 때가 도래하면 무념처에 이르게 된다. 어느 곳에도 집착이 없어 무無조차 없는 바로 그때 일심에 이르러, 당신은 자성관음을 맞이할 것이고 관음의 대광명이 우주에 가득한 것을 볼 것이다.

깨달음은 멀리 있지 않다. 우리가 앉아 있고 서 있는 이 자리, 매일 일상생활을 하는 그 자리가 깨달음의 자리이다. 바라보는 그 시각과 시점이 깨달음이라 할 수 있다. 그래서 두두물물이 깨달음의 현상이다. 부처님의 모습이다. 우리는 항상 깨달음과 마주하고 있다.

경율론 삼장을 통달한 큰 강사 소요 스님은 경전을 아는 것만으로는 도저히 생사해탈을 할 수 없다는 것을 알고, 어느 날 서산 대사를 찾아가서 법을 가르쳐 주실 것을 청하였다.

서산 대사는 입실을 허락한 그날부터, 소요 스님이 능통한 능엄경을 그것도 하루 다섯 줄씩만 가르쳐 주는 것이었다. 어느 날 소요스님이 가만히 생각해 보니 한심하기 그지없었다. 생사해탈을 하기 위해서 찾아왔는데, 법은 가르쳐주지 않고 반년이 넘도록 자신이 학인들에게 가르쳤던 능엄경만 가르쳐주니 화가 날 지경이었다.

하루는 서산 대사가 무슨 책을 보다가 소요 스님이 들어오자 책을 재빨리 주머니 속에 넣는 것이었다. 그 후에도 그 책을 보다가 소요 스님만 들어오면 행여나 볼 세라 황급히 안주머니에 넣곤 하였다. 그 책에 대한 소요 스님의 관심은 점점 깊어만 갔다.

소요 스님은 서산 대사가 주무시는 틈을 타서 그 책을 보려고 하였으나 그 순간마다 서산 대사가 먼저 알고 깜짝 놀라 일어나 책을 더 소중히 감추어 버렸다. 그러하니 그 책을 보려야 볼 수가 없게 되었다.

어느 날, 소요 스님은 더이상 견딜 수가 없어서 서산 대사에게 떠나겠다는 하직인사를 하였다. 그제야 서산 대사는 자신의 생명처럼 소중히 여긴, 때에 찌든 그 작은 책을 내주면서 말하였다.

"가려거든 이 책이나 가지고 가게."

소요 스님이 책을 받아 들고 그곳을 떠나 한참 가다가 산봉우리 마루에서 쉬었다. 궁금증에 못 이겨 책을 꺼내어 펴 보니, 다음과 같은 게송이 적혀 있다.

우습다 소 탄 자여
소 타고 소 찾누나.
오고 감에 그림자 없으면
물거품 다했다 하리.

이 게송을 본 소요 스님은 그 자리에서 확철대오하였다. 그렇고 보니, 서산 대사의 은혜가 얼마나 큰 것인가를 깨닫게 되었다.

깨달음은 소를 타고 소를 찾듯이 사방팔방에 이루어져 있다. 콧구멍으로 들어가서 눈으로 나올 때도 있고, 옆구리에 있다가 배꼽으로 나오기도 한다. 소는 등허리를 대고 엉덩이를 통해서 나를 태우고 있다. 너나 할 것 없이 사람이고 동물이고 무정물이든 꽉 차 있다.

이 도리는 화두를 든다거나 염불을 하거나 묵조선을 해서 아는 것이 아니다. 또한 이러한 수행을 떠나서는 안 된다. 단지 우리는 소를 타고 소를 찾는 신세일 뿐이다. 보배를 손에 쥐고 있음에도 잘 알지 못하고 깨닫지 못할 뿐이다. 오직 시절인연이 무르익어 내가 허공과 마음을 하나로 계합할 수 있느냐에 달려 있다. 바로 계합의 시절인연을 명안明眼(밝은 눈)의 선지식이 이끌어 주는 것이다.

허공과 마음은 본래 하나였다. 원각경(무변허공 각소현발: 끝이 없는 허공은 깨달음에 의해서 비로소 드러남)에 의하면, 우리는 허공에 관해서 관심이 없다. 공기와 마찬가지로 인지를 하고 있지 않다. 허공이 주는 행복과 평화를 모른다. 그렇지만 깨달았을 때 허공의 진가를 알아 본다. 바로 그때 허공은 나의 마음과 하나라는 것을 아는 것이다.

청명한 허공은 불생불멸不生不滅(나지도 않고 죽지도 않음)이고 불구부정不垢不淨 (더럽거나 깨끗하지도 않음)이며 부증불감不增不減(늘지도 않고 줄지도 않음)이다.

본래 하나였는데, 우리는 틈새가 없는 거대한 벽을 둘러치고 있다. 그래서 허공과 마음의 두 가지 상을 만들어 놓은 것이고, 지금껏 그것을 고집하고 있다. 우리가 보는 안목의 두 가지 상이 만 가지 차별상을 만들어 놓은 것을 알아야 한다. 그 벽만 없어지면 본래 허공과 마음이 하나였다는 것을 알게 된다. 그것이 깨달음이다.

더욱더 깊이 들어가야 한다. 부처도 놓고, 깨달음도 놓아 버리고 마음을 모으고 살펴보고 바라보며 깊고 깊게 들어가면 내 마음의 안과 세상 밖이 하나가 되어 맑고 밝은 대광명이 떠올라, 그 빛이 우주세계를 비추는 것을 봐야 한다. 일심의 순간이다. 마음을 하나로 모은 일념에서 무념을 거쳐 깊이 들어가 일심이 되어야 수행이 완성된다.

견성見性을 위한 수행이란, 화두를 들거나 염불을 하거나, 주력을 외거나 경전을 보는 것이 아니다. 잡된 번뇌 망상을 잊어버리고 자신의 마음이 악에 물들지 않고 선을 행하며 다스리고 절제하는 힘을 기르는 것이다. 그곳에서 더 나아가 근본 모습을 깨닫는 데 있다.

번뇌 망상이 없어지지 않고 맑지 않으면 한동안 화두나 염불이나 주력은 휘영청 찬란하게 비추는 달이 아니라 달을 가리키는 손가락에 불과할 뿐이다. 손가락만을 바라보며 안된다고 하는 것이나 마찬가지다.

마음 수행은 나의 마음을 불보살처럼 이루는 데 그

큰 뜻이 있다. 그러면 불보살의 원력과 마음은 닮아가고, 거기에 따른 모습과 행동도 변하는 것이다. 수행은 마음을 선하게 하고, 지나친 욕심을 절제하고, 이타利他의 자비심으로 이해하고 배려하는 어여쁜 마음의 실천을 요한다.

선한 마음을 강조하는 것은 선함 속에 모든 것이 이루어지는 힘이 있기 때문이다. 선善은 강하고 아름답다. 선은 모두에게 통한다. 결국에 선한 마음은 통하게 되어 있다. 먼저 그릇이 되어야 이룰 수 있는 것이다.

수행자는 먼저 시기 질투를 버려야 한다. 시기 질투를 하면 자신에게서 악영향을 받는다. 수행과 인생의 발전은 없고 제자리를 맴돌게 된다. 수행이 좋지 않은 곳으로 흘러가 더욱 고통스러워진다. 수행의 완성을 막는다. 수행자를 도와 깨달음을 이루는 데 심혈을 기울여야 한다. 시기 질투를 두면 수행은 되지 않고 엉뚱한 길을 걷게 되는 것을 알아야 한다. 붓다도 시기 질투에 대하여 이렇게 말씀하였다.

"수행자를 미워하고 시기하는 사람처럼 빨리 망하지 않는 것을 보지 못했다."

수행자를 미워하고 질투하는 사람은 어리석은 사람이다. 수행자를 돕고 받들어 모시는 데에 복과 공덕이 쌓이는데, 미워하고 질투하는 사람은 시기와 욕심이 많은 사람이다. 스스로 파멸에 이르는 사람이다. 뜨거운 불덩이를 안고 뛰는 사람과 같다. 결국엔 자신이 만들어 놓은 불에 바람을 지펴 몸과 마음이 빨리 타들어 가게 만든다.

버리지 못한다면 그 시기 질투 속에서 배우고 나와서, 정진의 열정을 일으키고, 착한 마음을 일깨워 타인을 이해하고 배려하는 생활을 해라. 그곳에서 베푸는 보시의 실천이 있다면 그는 머지않아 깨달음의 날개를 얻을 것이다.

마음 수행의 꽃은 깨달음이다. 깨달았을 때 수행자는 비로소 할 일을 마치고, 세계를 위해 평화의 소식을 전할 수 있다. 행복의 춤을 출 수 있다. 깨달음은 도달하기 어려운 것이 아니며 또한 쉬운 것도 아니다. 붓다도 몇 번의 시행착오를 겪고 깨달음을 얻으셨다. 그것은 마음 수행은 일정한 방법이나 정석이 있는 것이 아니라는 뜻이다. 다만 지극한 정성과 하고자 하는, 이루고자 하는 간절한 마음의 실천이 필요할 뿐이다.

이루고 말겠다는 굳은 마음이 시절 인연을 찾아오게 만드는 것이다. 깨달음은 어느 한 곳으로만 이르게 하고 통하는 것이 아니다. 허공은 사방팔방 뚫려 있어서 어느 방향에서 시작하여도 들어갈 수 있듯이, 깨달음도 마찬가지다. 어느 곳 어느 방향에서든지 적멸로 향하여 들어가면 되는 것이다.

깨닫는 데에는 출신 성분의 높고 낮음을 가리지 않는다. 빈부귀천의 차별을 두지 않는다. 그렇지만 얼마만큼 크고 깊이 들어가느냐, 그 깨침의 크기에 따라서 무위無爲의 차별을 둘 수는 있다. 또 공空을 얼마나 크게 깨치느냐에 따라 성인과 현인의 자리를 가름하는 것이다.

마음 수행은 노력하는 자만이 얻을 수 있다. 인내해야 한다. 극심한 인내가 필요하다. 고독한 나를 바라보고 그 고독 속으로 빠져들어 가야 참된 수행이 된다. 붓다도 목숨을 버린 채 노력을 했다.

마음 수행은 인욕이라 할 수 있다. 참고 인내하는 자에게 깨달음은 열려 온다. 피땀 흘려 노력하는 자만이 얻을 수 있다. 수행자는 게으름과 교만을 멀리 떨쳐버려야 한다. 수행자에게 게으름과 교만은 곧 죽음의 길이다. 끝내 깨달음을 얻지 못할 것이다.

처음에 궁사가 활을 쏘면 과녁을 잘 맞히지 못할 수 있다. 연습하고 노력하여 공을 이루어야 활을 쏘아 과녁을 잘 맞게 된다. 그처럼 부단히 노력하는 사람이라면 누구든지 마음 수행을 잘 이룰 수 있을 것이다.

빨리 얻지 못한다고 한탄하거나 물러서지 말라. 할 수 있다는 신념으로, 스스로 마음을 굳게 다잡고 끊임없는 노력으로 열정을 일으켜야 한다. 그러면 반드시 이룰 수 있다.

한 번 깨달음을 얻으면 대장부의 할 일을 다 이룬 것

이며, 사람으로써 무엇 하나 꿀릴 게 없다. 세상을 자비심으로 바라보고 대하여서 이 세상의 주인이 되고, 큰 장벽처럼 펼쳐진 속박과 고통을 벗어버리고 대 자유인이 되는 것이다.

화신불

화신불은 석가모니 부처님처럼 중생을 위해 지구로 내려오신 부처님을 말한다. 연민과 자비심으로 중생을 측은히 여겨, 중생의 이익과 행복을 위해 불법을 펼치셨다. 그의 큰 뜻은 중생을 구제하기 위해 이 세상에 내려오신 것이다.

부처가 이 세상에 없던 시절에는 보살이 화신불로 화현하여, 중생을 위해 이익과 행복 그리고 깨달음을 이루기 위해 수행을 이끌었다. 인류의 역사에서 보살로 화현해 중생을 이끈 자는 수없이 많다.

우리가 화신불을 알아볼 수도 있고 못 알아볼 수도 있으며, 무심코 지나칠 수도 있다. 신분의 귀천을 뛰어넘어 나타나기도 하고, 뭇 생명의 종류 등을 구분하지 않고 이익을 줄 대상의 인연에 의해 출현한다. 또는 알게 모르게, 직접 간접적으로 가피의 형식을 띠기도 한다.

그들은 오로지 법의 재목(법기)에 대한 보호와 수행을 이끌어 깨달음을 체험하도록 이끈다. 어렵거나 힘든 상황이 닥칠 때 수행으로부터 멀어지지 않도록 도와주기 위해서다. 때로는 자비로운 가르침과 연민의 정을 느끼게도 하고, 또는 서릿발처럼 차갑고 무서운 눈초리로 수행자의 간담을 서늘하게 하기도 한다. 이러한 일들은 수행자의 이익을 위한 것이지 화신불이 재미 삼아 시험 삼아 그러는 것이 아니다.

지금까지 나는 세 번의 화신불을 친견하였다.

처음 화신불을 친견한 시점은 초심 때였다. 처음 수행에 접했을 때, 직접 찾아간 도량에서 장애와 외로움을 이기며 수행해하다가 몇 번의 관음화신을 바라보게 되었다.

당시에는 화신인지도 몰랐는데, 큰스님의 조언과 수행을 통해 마음에 다가와 알게 되었다. 관음의 화신은 나에게 핵심 법문을 전해 주셨으나, 그때의 나는 마음의 눈을 뜨지 못한 젊은 수행자였다.

당시에 훌륭한 가르침을 주셨지만, 법의 진의를 알지 못하는 안타까움을 겪었다. 세월이 흘러서야 관세음보살의 무한한 지혜의 가르침과 아끼고 배려해 주는 대자비의 마음을 어슴푸레나마 느끼게 되었다. 결국 관음진신을 친견하겠다는 원력은 자성 관음의 동질성을 깨닫게 되었다.

그때 한국불교의 실망감을 안고 찾아간 곳은 관음도량으로 유명한 곳이다. 한국 3대 관음기도 도량인 남해 금산 보리암은, 절경의 기암괴석이 있고, 저 멀리 바라보이는 쪽빛 망망대해의 경치는 빼어났다. 사람의 눈을 홀리고 마음을 그곳에 반하게 해서 열심히 수행하게 만드는 곳이다. 그러하듯 아름답고 빼어난 경치가 모든 이들의 기도성취의 원인을 제공하기도 한다.

이곳에서 그동안 실망하고 억눌렸던 나약한 마음이, 청정한 공기와 함께 빼어난 경치를 만나자, 기뻐하며 서로 조화가 되었다. 보리암은 나의 지친 몸과 마음을 품어주었다.

환희심에서 일어난 나의 원력을 관세음보살께 바치기로 했다. 기도는 이런 마음에서 정진하면 바른 성취를 할 수 있다. 이것이 몸과 마음을 집중할 수 있는 발심이다.

나의 기도는 순수한 기도였다. 깨달음을 얻는 기도요, 깨달음을 얻어 세상을 구원할 수 있는 기도였다. 이곳에서 참 좋은 시절을 만났다. 물론 처음으로 하는 정진이 숨쉬기 어려울 정도로 힘들었지만, 이것을 이겨내어 나가니 기도체험을 하게 되었다.

무엇에든 좋은 일이 있으면 안 좋은 일도 일어나듯이, 같은 방을 쓰는 스님에게서 수행 정진의 방해를 받게 되었다. 나혼자 열심히 기도하는 것이 마음에 들지 않았나 보다. 나는 발심을 했고, 그 스님은 발심이 약했을 것이다. 시간만 나면 공부하고 수행하는 나를 못마땅하게 생각했을 것이다.

리더쉽이 있어서 무엇이든 주도적으로 이끌어가고 싶은 그 스님은 나를 약하게 보았는지도 모른다. 세속

나이가 비슷해서 차담을 할 땐 한국불교의 미래를 걱정하며, 같은 시점에서 바라보고 있어 기분이 좋을 때도 있었다.

한때는 너무 힘들었다. 같은 방에 동거하는 사람이 서로 비슷하면 지내기가 수월할 텐데, 성격이 정반대인 것 같아 사실은 내 마음에 들지는 않았다. 사람은 본능적으로 서로를 알아본다더니, 처음 대면했을 때 직감으로 느껴졌다.

본격적으로 방해 공작을 받은 것은 새벽기도시간에 깨워주지 않아서다. 그 스님은 잠이 많은 편이어서 새벽기도는 혼자 일어나지를 못했다. 원래는 주지 스님을 알아 독방을 쓰는 특권을 누렸지만, 기도시간을 맞추려고 나와 같이 방을 쓰겠다고 주장을 한 것 같다.

나는 기도를 마치면, 방에서 경전을 무음으로 독송을 하였는데, 그것을 못 하게 방해하였다. 스님을 불러와서 차를 마시는 등 여러 일을 벌였다. 처음엔 같이 차를 마시며 동참했다. 그러나 나의 수행시간이 축나는 것 같아서, 결국 나만의 수행처를 만들었다.

공양간 옆에 있는 바위를 넘어서면 한 작은 동굴이 있어, 그 동굴에서 참선을 하고 경전을 독송하였다. 사중 기도시간 외에는 틈만 나면 그곳에 들어가 정진을 하였다.

어느 날 동이 트는 이른 아침, 한 무리의 산새가 정진하는 근처로 몰려와 힘차게 지저귀었다. 상쾌하고 정신없는 소리였지만 마음엔 좋은 기분이 돌았다. 마음을 모아 『금강경』을 독송하였다. 경전을 독송하는 소리는 차찮고, 새소리는 경쾌하였다. 두 소리가 하나로 합쳐진다는 생각이 들었다. 그런 와중에 누가 나를 쳐다보는 것 같았다.

얼굴을 돌려 바위를 보았다. 2~3미터 남짓 높이의 바위 위에서 새 한 마리가 나를 빤히 쳐다보는 것이다. 그 많던 새들은 없어지고, 나와 새가 서로를 쳐다보고 있다니. 나는 잠시 경계에 빠지면 안 된다고 생각하며 그 새를 애써 외면하였다. 다시 자연스럽게 그 새에게 이목이 건너갔다.

몸집은 주먹만 하고, 깃털 색깔은 진한 검정색이지

만 빛이 흐르고, 눈에는 광명이 흘러넘쳤다. 이쯤 됐으면 뭔가 이상하다고 느껴야 하는데, 나는 무심코 그 새를 바라볼 뿐이었다. 한참을 빤히 내려다본 후 그 새는 아침 창공을 힘차게 날아가는 것이다. 이상한 것은, 바위에 가려 보이지 말아야 할 새의 비상이 분명히 보이게 된 것이다.

그 새는 힘차고 크게 위아래의 굴곡을 그으며 날아가면서 지저귀는데, 허공이 꽝꽝하면서 울리는 것이었다. 동시에 나의 마음에서도 허공의 울림처럼 울리는 것이 아닌가. 금산에 계시며 천막을 치고 십여 년 넘게 수행하시는 노스님에게 곧바로 달려갔다. 그 상황을 물어보기 위해서였다. 자초지종을 말씀드렸다. 노스님이 말씀하셨다.

"그 새는 관음조야. 관세음보살의 화신이지. 큰 원력을 가진 수행자에게 나타나시지!"

그러면서 당신의 앞날 미래에 대해 말씀해 주셨다.

"나도 세상에 나갈 때가 됐는데 아직 말이 나오지 않아서 이곳에 있는 것이네. 꼭 말을 주실 거야!"

이 말씀이 나의 귀에 애잔하게 들렸다.

관음조를 친견한 이후로 마음에선 환희심이 뿜어져 나오고, 매사가 감사하고 기뻤다. 신통력이 생기고, 기도가 힘들지 않았으며 목이 터져, 내가 원하고 바라던 염불을 할 수 있었다.

지금에는 물론, 함께 방을 쓴 스님을 정말 고맙게 생각한다. 그 당시에는 못마땅한 점도 있었지만, 어찌 사람에게 100% 만족이 있겠는가! 그 스님이 아니었다면, 또 밖으로 나오지 않고 방에만 있었다면 어찌 관음조를 친견할 수 있었겠는가!

대중이 나의 공부를 시켜주는 것이다.

그 후로 나는 보리암에서 몇 번의 관음기도를 마쳤다. 수기를 받기도 하고, 마음의 눈이 열릴 때도 있고, 경계에 빠지기도 하였다. 이제 짧은 기간을 정해놓고 기도하는 것은 무의미하다고 생각되었다. 평생을 기도하고 참선 정진을 할 거라며 맹세를 하였다.

출가한 사찰에서 백일기도를 마치고 강원을 다니려

고 해인사 강원에 입방했다. 해인사 강원의 규율은 세다. 특히 위아래 반의 기강은 육군사관학교보다 세다고 한다.

보통 치문반(1학년)으로 들어가지만 나는 치문반 아래 학년인 사미반으로 들어갔다. 강원의 막내다. 습의를 배우며 여러 날이 지났다. 사미반 스님 한 분이 더 들어왔다. 이제 사미반은 둘이었다.

강원에서 공부하고 있는 스님들이 많아서 쪽잠을 자야 했다. 잠버릇이 험하지는 않지만, 그날은 피곤했는지 잠을 자다 내 다리로 옆에서 자는 같은 반 스님을 건드렸나 보다. 그런데 이 스님이 잠결인지는 몰라도 오만상을 찌푸리는 거다. 이 모습을 본 순간 그만 오만 정이 떨어지고 신심이 떨어져서 새벽에 짐을 싸서 나오고 말았다. 아직 새내기 풋나기 중 시절이었다.

관음전 밖으로 나오니 몇몇 상급반 스님이 보였지만, 바랑을 메고 나온 나를 보고는 모른 체했다. 잡으려고 하지도 않고 왜 나왔느냐고 묻지도 않았다. 그냥 깨끗하게 보내주는 것이 해인사 강원의 법칙인가 보다 싶었다. 마음에 들었다.

절에서 나와 사하촌을 지나 한참을 걸었다. 인연이 아닌 곳이라 생각했다. 큰길을 따라 계속 걸었다. 배가 고파서 편의점에 들러 빵을 사고 음료수를 마셨다. 조금 안도하는 마음이 들었다. 걷다 쉬다를 반복하다가 지나가는 택시를 잡아 타고 대구에 도착하였다.

이른 아침이었다. 건물 한 구석에서 볼일을 보고 막 뒤돌아설 때였다.

"스님~~!"

하고 아늑하게 부르는 소리가 들렸다. 고개를 들어보니 건물 3층에서 어떤 젊은 여자분이 나를 부른 것이다.

"어디 가시려고 하세요?"

나는 얼버무렸다. 그런데 잠시 후 나도 모르게 그곳에 앉아 있는 게 아닌가. 테이블을 사이에 두고, 조금 전 나를 부른 젊은 여자와 함께 앉아 있었다. 실내는 상당히 깨끗하였다. 커피숍인지 레스토랑인지는 몰라도 참 안정되고 좋은 분위기가 넘쳤다. 손님은 한 명도 없고, 그와 단둘이었다.

그 여자는 동그란 안경을 끼고 단정하고 말쑥하여 빈틈이 없어 보였다. 그 여자는 삼십 대 중반 쯤이었다. 고요한 침묵의 시간이 잠시 흘렀다. 나를 힐끔 한 번 보더니, 입가에 미소를 지으며 환하게 소리 없이 웃고 있다. 그 웃음이 가히 살인적인 미소라 할까. 나는 잠시 그 미소에 빠져들었다.

"나는 스님만 보면 좋아요."

그 여인의 말이었다. 나는 당시 사람의 마음을 읽을 줄 알았다. 그래서 나름대로 여인의 마음을 짚어 봤다. 그런데 마음이 짚어지지 않았다. 움직임조차 없었다. 순간 나는 굳어졌다. 몸이 조금씩 떨려오고, 손이 흔들리고, 동시에 이까지 부딪치며 떨고 있었다.

범상치 않은 사람이라는 것을 몰랐다. 그 순간이 주는 가르침을 젊은 수행자는 알아채지 못했다. 손오공이 아무리 날뛰어도 부처님 손바닥 안에 있지 않은가. 나는 발심을 하였지만 조금은 교만했는지도 모른다. 나름대로 수행체험을 했다는 자부심으로, 마음 밑바닥에 그렇지 않은 수행자를 얕보게 되었을지도 모른다. 보살심이 있었지만, 겉치레 인사차로 보였을지도 모른다. 참된 수행자와의 거리는 아직 멀었는지 모른다.

잠시 후. 나이가 오십 중반쯤으로 보이는 사장 같은 여자와 자리를 함께했다. 키가 늘씬하게 크고, 강한 인상에 세련되어 보였다. 시간이 어느 정도 흘러갈 동안 셋은 같은 테이블에 앉아 있었다.

적막이 고요히 흘렀다. 그러다가 중년 여인의 눈을 바라보았다. 왜 눈을 바라보았는지 모른다. 눈을 바라보는 순간 놀랍고 무서웠다. 그 어디서도 보지 못했던 눈이다. 날카롭게 꿰뚫어 보는 말로 표현하기 어렵게 무서운 눈이지만, 이면에 나를 보는 측은함이 느껴졌다.

시간이 좀 더 지나가자 중년 여인은 "그만 가라."고 했다. 그 말을 듣고 밖으로 나왔다. 이삼 분 정도 잠시 걸었다. 그 여자들이 괘씸하게 생각됐다. 되돌아가서 혼내주어야겠다고 생각했다.

뒤로 돌아 그곳을 찾았다. 그러나 금방 나온 곳이 보이지 않는다. 이리저리 찾아봤지만, 도무지 보이지 않는 것이다. 행인에게 물어봤지만, 여기에는 그런 곳이 없다는 무심한 답변만 들려왔다. 무언가에 홀렸나. 분명히 서로 바라보고 앉아서 이야기까지 했건만 답답할 뿐이었다.

그곳을 찾지 못하고 한참을 걸었다. 여전히 괘씸한 기분은 사라지지 않았다. 한 건물 앞을 지나가고 있었다. 건물 옆에서 네다섯 살쯤 보이는 어린아이가 자전거를 타며 놀고 있었다. 나를 보더니, 인사를 한다. 반갑게 맞아 주어야 하는데, "나를 아니?" 하고 차갑게 대꾸했다. 아이는 울면서 건물 안으로 뛰어 들어갔다. 순간, '이건 아니다.' 라는 생각이 스쳐 갔다. 건물로 다가갔다. 다른 종교시설 같았다. 사람들이 밖에 나와 있었다.

"조금 전에 들어간 아이를 찾아 주세요."

한 여자가 나를 훑어보더니 물었다.

"왜 그러세요?"

"잘못한 일이 있어서 사과해야 합니다."

잠시 후 그 아이가 나왔다. 나는 아이를 보고 큰절을 올리고 미안하다고 사과를 했다. 아이는 나를 빤히 쳐다보았다. 이 일이 있은 후부터 나는 아이를 좋아하게 되고, 점차 아이의 성품을 닮아갔다.

이런 믿기지도 않는 허망하고 황당한 일을 겪은 후, 강원도 토굴이 생각났다. 그곳에서 원 없이 정진하고 싶었다. 토굴에 도착한 후 법당을 찾아 삼배를 올렸다. 그리고 부처님 존안을 우러러보고서 깜짝 놀랐다.

그렇게 찾아 헤맨 분들이 그곳에 좌정해 앉아 나를 빤히 내려다보는 것이 아닌가. 무서운 눈을 가지신 분은 석가모니불이요, 살인적인 미소의 주인은 관세음보살이며, 부엌에서 구역질했던 분은 지장보살이다.

내가 방황하고 환속을 할까 봐, 몸소 나투어 가르치고 이끌어 주시니 불보살님의 대자대비는 상상을 초월한다. 토굴에서 열심히 정진해서 진공을 체험하니, 그분들이 아니었으면 나는 환속해서 세속의 삶을 살았을지도 모른다.

내가 힘들 때마다 나투신 불보살님. 모두 초심 때 뵈었던 분들이다. 나이가 들어가면서 화신의 모습들은 뵐 수가 없었다. 왜 그럴까? 나의 마음이 순수하지 않아서일까? 아니면 평화를 찾아서일까?

이때가 가장 순수하고 정열적이었다. 한이 많은 젊은 수행자의 마음을 다독이고 끌어안아 가르침을 주신 분. 언제 다시 한번 뵐 수 있을까. 그때에는 삼배를 올리고 가르침을 받아 법거량을 실컷 해보고 싶다.

세 가지 소식

　세상엔 어려운 일들이 많다. 그중에 하나는 보이지 않는 것을 말하고 설명하고 표현하는 일이다. 그중에서도 진리 또는 깨달음을 설법하는 일은, 설하는 사람도 어렵고 듣는 자도 힘이 든다. 지금까지 알지 못했던 들어보지 못한 언어를 사용하고, 난도가 높은 소위 세속을 벗어난 최고의 클래스를 표현하는 일이 어찌 쉬우랴. 말 그대로 직접 진리를 체험하거나 깨달음을 얻기 전에는, 진실로 전하기란 참으로 어렵다.

　예를 들어 성품을 본다는 견성見性은 직접 바라봐야지 진실하다. 그래야 보지 못한 다른 이를 위해 말해 줄 수 있다. 이론으로만 안다든지, 생각으로 추측을 통해 말을 해 준다면, 듣는이를 어지럽게 하고 신빙성이 없어 믿음이 생기지 않을 수가 있다. 본인이 직접 서울에 가 보지 않았으면서 서울이 이렇다든지 저렇다든지 암중모색暗中摸索 같은 횡설수설을 하는 사람이 될 것이다.

군맹무상群盲撫象이란 여러 명의 맹인이 코끼리를 어루만진다는 뜻이다. 『열반경』에 나오는 이 말씀은 모든 사물을 자기의 좁은 소견과 주관으로 그릇되게 판단하는 것을 이르는 말이다.

인도의 '경면 왕'은 어느 날 맹인들에게 코끼리라는 동물의 생김새를 가르쳐주기 위해서 궁궐로 모이게 하였다. 그들이 모두 모이자, 신하에게 코끼리를 끌고 오게 하고는 그들이 코끼리를 직접 만져보게 하였다. 그리고 왕은 물었다.

"코끼리가 어떻게 생겼는지 알겠느냐?"

그들 중 상아象牙를 만져 본 장님은 "예, 무와 같습니다."라고 답하였다.

귀를 만져 본 자는 "키와 같습니다." 라고 말했다.

또 머리를 만져 본 자는 "돌과 같습니다."라고 말했으며, 코를 만져 본 자는 "절굿공이 같습니다." 라고 말하였다.

맹인들은 각자, 자신이 만져 본 부위가 코끼리의 모든 것이라고 착각을 한 것이다. 한 부분만 보고 전체를 본 것으로 착각하는 경우를 빗대는 말로 '장님이 코끼리 만지는 격'이다 라는 표현을 쓰는 것이다.

수행에서도 비슷한 경험을 한다. 마음을 닦아가는 과정에서 얻은 알음알이나 작은 체험을 깨달음을 얻었다고 착각하는 수행자가 있다. 시간이 지나 그 착각이 사라지면 혼란을 겪기도 한다.

마음 수행은 마음 전체를 보아야 한다. 즉 넓고 깊게 보아야 한다. 넓게 보는 것은 공성空性을 보는 것이고, 깊게 보는 것은 견성見性을 한 것이다. 그래야 올바른 깨달음이다. 공성과 견성에는 말로 표현할 수 없고 상상할 수 없는 어마어마한 것들이 헤아릴 수 없이 많으며, 우주의 역사와 비밀 그리고 모든 생명의 실상의 진리가 함축되어 있다.

수행자에게 있어서 깨달음은 일생일대의 큰 소망이다. 한 번은 꼭 체험하고픈 밑천이다. 그러나 깨달음은 마음먹은 대로 쉽게 다가오지 않는다. 또 기다린다고 해서 찾아오는 소식도 아니다. 시절 인연이 무르익어야 한다.

나에게 찾아온 시절 인연은 편안한 일상생활에서 온 것이 아니다. 처절한 고난과 고통 속에서도 포기하지 않고, 고난과 고통을 헤쳐나간 뒤 문득 나도 모르게 생각과 마음을 자연스럽게 놓은 그 시점에서야 도래하였다.

마음 수행은 한 살이라도 젊었을 때 시작하라고 권하고 싶다. 대부분 선지식은 젊었을 때 한 소식을 얻어 열변을 내뿜었다. 젊음은 청춘이듯, 이것저것 재지 않고, 앞뒤를 가리지 않고 수행에 매진할 수 있어 더욱 좋다. 나이가 들면 요령만 늘고 수행력은 떨어진다고 말할 수 있다. 더욱이 늙어서 수행하여 깨달음을 얻는 것은 더욱 어려워질 수밖에 없다.

위기가 곧 기회라는 말이 있다. '장애를 통해서 깨달음을 얻는다'라는 말씀은 정말 이치에 맞고 훌륭한 진리이다. 모든 것은 하나로 통하지, 이분법적인 수식이 아니라는 말이다.

나는 한때 정말 어려운 시절이 있었다. 장애가 생겨서 동서를 구분하지 못하고, 앞뒤가 꽉 막힌 상태였다. 사방은 나를 향해 어둠의 장막을 내려닫았고, 앞날은 희망의 불빛을 감지하기 어려운 상태였다. 나의 얼굴에는 어두운 그림자가 끼어 있었다.

그렇지만 나는 감춰진 별이었다. 나의 육신은 거대한 천막으로 눌러 막아 놓았기에, 조그만 움직임도 허락하지 않았다. 숨이 막히고 답답했다. 그러나 마음 안에서는 별들이 목숨을 잃지 않고, 나에게 무언의 용기를 주며 어둠 속에서 스스로 빛나고 있었다.

힘들었지만, 이젠 그것을 헤치고 나가고 싶고 그 방법을 알고 있다. 이젠 이 몸에 대한 집착을 놓고 다시 한번 밀어붙여야 한다. 나에게 확신을 주는 사람은 없었다. 무엇이든 홀로 생각하고 판단하는 버릇에서 지독한 외로움을 키웠을지 모른다. 마음 안에 관세음보살을 모시는 것만으로도 충만한 기쁨을 느끼며 세상을 떠돌던 시절이 있었다.

한 암자에 도착한 나는 기도와 살림을 도맡아 했다.

내가 선택한 것은 오직 한 길이었다. 옆을 돌아볼 겨를이 없었다. 온 힘을 다해 앞만 바라보며 실천을 해야 했다.

무엇을 위하여 젊은 인생을 바치려 했는가? 깨달음이다.

깨달음은 나에게 있어서 아름다운 꽃이었다. 이 세상에 없는 향기와 자태가 피어 오면 세상 사람을 감동하게 하고, 그 향기와 자태 위에서 올라오는 광명으로 만물에 따뜻한 마음을 비치어 희망을 주고 싶었다. 따뜻하고 자비한 마음으로 세상을 감싸 안고 싶었다.

수행과 살림을 혼자 도맡아 하니 몸에 병이 들었다. 억울하고 분한 마음이 우울로 찾아와 대인을 기피했다. 그 마음을 녹여내었더니 90%는 녹아 흘러내리고, 10%는 밖으로 나와 병이 되었다. 다행히 심한 몸살로 찾아와 잘 견뎌내었고, 중병을 안고 살아갈 인생은 아니었다.

나는 인생을 포기하기 싫었다. 아니 나의 수행을 잃어버리지 않으려고 애를 쓰며 발버둥을 쳤다. 나의 몸에서 빠져나간 광명이 다시 찾아오고 희망이 보였다. 밀어붙이려다 쓰러지고, 다시 일어나기를 반복하면서, 나는 나를 지켜주는 수호신을 만났다.

수호신은 동자승이었다. 쓰러진 나에게 광명의 빛을 불어 넣어주었다. 따뜻하고 차가운 그러나 광명의 빛이 뚜렷한 불기운이었다. 광명의 불기운을 느끼고 감지했던 내가 왜 이리 외롭고 슬픈지……. 저 밑바닥에 선 나를 쳐다보는 내가 있었다. 그러나 그를 외면했다. 나무 관세음보살!

어느 날인가, 거친 숨소리 대신 마음의 평화가 찾아왔다. 다시 몸에서 생명의 불기운이 감돌고 있었다. 그 광명은 하나가 되기도 하고, 둘이 되기도 하고, 여럿이 모여 있기도 하더니, 모두 모여 하나의 광명이 되었다.

힘을 다시 찾은 나는 미친 듯이 수행하였다. 오로지 관세음보살과 하나를 이루기 위해 머릿속에 명호를 잡아넣었다. 마음에 얹어 간절하고 정성스러움에 녹아 마음속으로 풍덩 빠지게 했다. 모든 일이 헛되지 않았던지 수행자가 원하던 그 시간이 찾아왔다.

마음은 텅 비었다. 끊임없이 관세음보살을 칭명하였다. 간절도 정성도 없었다. 무의식에서 올라왔지만 살아 있었다. 생각에서 마음으로 옮겨간 순간 나를 비추어 보았다. 찰나의 시간이었다. 깜짝 놀랐다. 그동안 보지 못한 나를 본 순간이었다.

나는 소리를 지르며 법당을 뛰쳐나갈 뻔했다. 간신히 참았다. 대환희의 순간이었다. 밖으로 나와 법당 앞에 서 있었다. 눈앞에서 오묘한 현상이 일어났다.

법당 앞에는 큰 나무가 몇 그루 있었다. 때마침 바람이 불었는지 아니면 늘 바람이 불고 있었는지는 모른다. 그 바람은 세찼다. 큰 나무를 흔들어댔다. 나의 눈엔 비로소 바람이 보였다.

바람이 부는 그곳. 나무가 흔들리는 세찬 바람. 그곳은 텅 빈 허공이었다. 그곳으로 나의 모든 것이 빨려들어가는 것이다! 힘들고 괴로워했던 시절, 고통스러운 순간, 나를 표현하지 못했던 서러운 세월, 남에게 업신여김을 당하며 살았던 시간, 나의 마음이 그 속으

로 빨려 들어가는 것이었다. 참으로 말로 표현하지 못
할 대작의 현상이었다.

반가운 소식은 항상 기대하지 않은 곳에서 일어나는
것 같다. 나의 두 번째 소식이 그렇다. 한 번 깨치면
그만인가? 역사의 스승들은 두 번 세 번씩 깨쳤다. 육
조 혜능 대사는 금강경에 의해서 두 번이나 깨쳤다.
  혜능 대사는 출가 전, 관숙사에 나뭇짐을 부리다가
금강경 독송 소리에 깨치고, 두 번째는 5조 홍인 대사
의 금강경 '응무소주 이생기심應無所住 而生其心(머무
는 바 없이 마음을 내라)'의 가르침에서 크게 깨쳤다.
그의 깨침은 자성自性(성품)에 의한 것이다. 자성은
참마음이다. 불교의 수행은 마음에 관한 것이다. 마음
에 대한 것이 아니면 오판이다.
  마음 안에서 찾아야 하고, 회복되어야 한다. 거칠고
다듬지 않는 마음이 참 마음속에 들어갔다가 돌아오
는 일이다. 참마음은 대 자유며, 영원한 안식처고, 창
조와 진화의 근원이다. 쉽게 말하면 모든 것은 참마음

에 의해 만들어지고 그려진다.

고요하고 보이지 않지만 그 스케일이 어마어마하다. 상상을 초월한다. 우주의 역사와 비밀, 그리고 우주 운용의 열쇠를 참마음이 가지고 운영한다. 광활한 우주를 감싸 안은 대자비의 향연이 벌어지고 있는 것이다. 그렇지만, 쉽게 다가서기 어려운 노정이 수행자를 기다리고 있다.

한 소식을 하고 오랜 세월이 흘렀다. 나의 인생은 도전의 연속이었다. 포교당을 개원하고 난 후에는 배움을 통해 새롭게 태어나고 싶었다. 그런 마음이 경전을 배우는 인연을 만들었다.

수행은 고요하고 또렷했다. 강의를 들으면서 칭명 수행이 방해를 받지 않았고, 부처님 말씀과 강사 스님의 뜻이 나의 마음에 꽂혔다. 관세음보살이 몸과 마음에 붙어 떨치려야 떨칠 수가 없었다. 어떤 날은 그 고요함이 더욱 짙어졌다. 나도 모르게 강의 중에 "악!" 하고 소리를 지를 뻔하였다.

그런 일들이 반복되었다. 그날도 나는 시원하고 또

렷한 정신으로 강의에 귀를 기울였다. 순간 부처님이 가섭존자에게 전한 삼처전심三處傳心이 거짓이란 말을 듣자 눈이 확 뜨여, 겉과 속의 구분이 없는 넓은 세상을 보았다.

그 환희심에 강의 도중 또 소리를 지를 뻔하였다. 간신히 참아냈다. 그 자리에서 소리를 질렀으면 나는 도반들에게 미친놈이란 꼬리표가 따라다녔을 것이다. 깊고 넓은 마음을 다시 한번 내다보게 되었다.

나의 세 번째 소식은 한 편의 드라마 같았다. 전혀 생각하지 못한 곳에서 터뜨리는 것이 깨달음의 일화인가! 생각하고 계획된 일이라면 깨달음은 찾아오지 않는다. 깨달음은 무의식 중에 다가오는 일이며 그 한 순간에 마음의 참모습에 눈을 뜨는 것이다.

마음에 모습이 있는 것일까? 그야 물론 마음에는 일정한 모습이 없다. 그러니 참모습이란 표현을 쓰는 것이다. 그곳엔 이름도 필요 없고, 말도 필요 없으며 닦음도 필요 없다. 언어도단이란 파괴력으로 깨달음을 포장할 수 있을까.

나는 이곳 월명리로 들어서서 목숨을 바친 정진을 해 나갔다. 그러나 내가 원하는 소식은 쉬이 찾아오지 않았다. 석가모니 부처님도 깊은 선정과 고행을 하여도 자신이 바라던 깨달음이 곧바로 찾아오지 않았으니 얼마나 마음이 시리고 괴리감이 들으셨겠는가.

그렇게 수행의 중도를 확인한 태자는, 마지막 굳은 결심을 통해 마음과 우주가 결합하는 계합의 큰 깨달음을 얻은 것이다.

나를 낳아주시는 분은 아버지고, 나를 길러주시는 분은 어머니라 했던가. 그만큼 부모의 은혜는 크고 갚기 어렵다. 게다가 나의 부모님은 나의 출가생활을 반대하셨다가, 나중에는 잘 밀어 주셨다. 이곳저곳 부모님의 도움을 받지 않은 곳이 없었다. 특히 아버님은 나를 특히 생각하셨다.

어머니를 허망하게 떠나보내고 아버지 거사님은 대인관계를 일절 피하고, 홀로 생활하셨다. 집과 대문 앞의 공원을 오가며 사시는 것이 하루의 일과였다.

그러다가 큰 병이 찾아오니 몸과 마음이 고통스러우

셨을 것이다. 다행히 죽음의 문턱에서 간발의 차로 발견되어 병원에 모셨으니, 이것은 분명 부처님의 가피일 것이고, 기도의 영험이라고 확신한다.

이렇게 거사님과 병간호를 하는 일과 수행을 하는 일이 이어져 나갔다. 홀로 하는 병간호와 수행이었다. 처음에는 정말 힘들었다. 따라주지 않아서 지쳤고, 수행이 마음대로 되지 않아서 미칠 것만 같았다.

자식이 병간호하는 일을 조금이나마 부모님의 은혜를 갚는 것으로 생각하였다. 수족을 못 쓰시니 대소변을 받아내고 공양을 먹여 드렸지만, 인지가 돌아오지 않아서 완전히 어린아이로 변하셨다. 그전에 자식을 위해 온 마음을 바쳤던 집안의 영웅인 우리 아버지의 모습은 아니었다.

처음엔 웃음이 나왔다. 땅을 치고 울어도 시원찮을 판에 실소가 나왔다. 그 무섭던 어른이 하루아침에 나의 숟가락으로 식사하고, 몸을 씻기고, 어린아이의 행동과 모습이 나오니 무심결에 마음의 바람이 밖으로 빠져나온 것 같았다. 그 실소는 오래가지 않았다. 웃음은 다시 존경의 마음과 사랑을 표현하는 행동으로 옮겨갔다.

하루에도 몇 번씩 '사랑한다'고 말하고 표현하고 뽀뽀를 해드리고, 웃는 모습을 보려고 동물의 흉내를 내며 어리광을 부리기도 하였다. 늘 과묵하던 어른이 한 날은 크게 입을 벌려 소리 내며 웃으시니, 백만불짜리 미소였다. 내가 그토록 모시고 싶어한 까닭은 아버지의 한을 풀어드리고 싶어서였다.

아버지는 가슴에 응어리진 한이 많았다. 내가 보기엔 그렇다. 수재였지만 인생이 풀리지 않아 자신의 능력을 세상에 발휘하지 못한 외로움과 미움의 한, 올곧아서 남에게 싫은 소리 못 하신 억울함 등등, 마음에 이런저런 응어리를 이 세상에서 풀어드리고 싶었다. 그리고 생각했던 행사를 실천에 옮겼다.

병자를 모시고 수행을 한다는 것은 정말 뼈를 깎는 인내의 정진이며, 피가 마르는 고통이기도 했다. 몸과 정신이 슬럼프에 빠지는 연속이었다. 아마 일 년은 그랬을 것이다.

그 상황에서도 포기하지 않았다. 이가 흔들리고, 허리가 끊어지는 것처럼 아파도, 얼굴이 피곤함에 겹쳐 까매져도 어떻게든 밀고 나갔다. 정신이 나를 이끌어 간 것도 아니다. 두 가지를 병행할 수 있었던 것은, 습관이 무르익었기 때문이다. 습관이 이루어지면 저절로 이어져 나가는 것이다.

처음엔 졸려서 머리를 바닥에 방아 찧는 일이 잦았다. 체력이 떨어질 대로 떨어졌다. 그러던 것이 한두 시간은 훌쩍 지나가고, 서너 시간은 언제 가는지도 몰랐다. 병간호도 힘든 줄 몰랐다. 이렇게 하루 이틀, 한 달 두 달, 일 년이 훌쩍 지나갔다.

그날 아침은 관음경을 독송하였다. 관음경은 나에게 여러 번 감동을 준 경전이다. 특히 뒷부분의 중송 부분에서 관세음보살의 자비를 깨닫게 하였다.

대비의 마음은 천둥처럼 진동하고

(비체계뢰진 悲體戒雷震)

대자의 뜻은 묘한 큰 구름이 되어서

(자의묘대운 慈意妙大雲)

감로의 법 비로 적시어

(주감로법우 澍甘露法雨)

번뇌의 불길을 꺼 주느니라

(멸제번뇌염 滅除煩惱焰)

어느 날 기도를 마치고 관음경을 독송하는데, 반복해서 여러 번 독송하였다. "대비의 마음은 천둥처럼 진동한다."라는 부분이 턱 마음에 와 닿았다. 마음이 터질 것 같았다.

그 터질 것 같은 마음에서 환희로운 평화가 흘러넘쳤다. 그래서 여러 번 읽어 내려가는데, 순간 나도 모르게 눈물이 왈칵하고 쏟아지는 게 아닌가. 눈물을 그치고 싶어도 그칠 수가 없었다. 그냥 눈물이 비 오듯이 흘러 내리고 입에서는 나도 모르게 엉엉 소리가 났다.

그렇게 한참을 울고 난 후 신기하게도 번뇌가 사라져 버렸다. 나는 세상의 어떤 시원한 맛에 비길 수 없는, 지극히 고요하면서 시원함으로 가득한 마음을 느낄 수 있었다.

목넘어 계곡에서 관음경 독송을 마치고 뒷문을 열고 뒷마당에 발을 디디는 순간이었다. 나는 강하면서도 새로운 체험을 했다. 그전의 소식과는 달랐다. 마음에 변혁이 다가오는 소식이었다. 나의 마음과 허공이 계합하여 맑고 밝은 모습의 참 마음을 보게 된 것이다.

이 시점에서도 저절로 큰 눈물이 흘러 내렸다. 그 눈물은 멈출 줄 모르고 흘렀다. 그 계합된 모습을 한참 지켜보고 나서야, 불법이 나를 속인 게 아니라, 나 자신이 불법을 속인 줄을 알았다.

나는 거사님 덕분에, 수행자 일생에 세 번째 소식을 맞이했다. 한 번 맞기도 힘든 것을! 그것은 고통을 이겨내야만 찾아 온다. 적어도 나에게는 그렇다. 이것이 수행의 핵심이라고 생각한다. 참아 이겨내고 견디며

정진하는 선한 마음에는 깨달음의 꽃은 반드시 피어
날 것이다.

　나를 낳아주고 길러준 것만으로도 큰 은혜가 있는데
말이다. 큰 소식을 얻게 한 거사님께 진심으로 감사를
올렸다. 그리고 언젠가 다시 만나는 시점에서 이 은혜
를 꼭 갚는다고 말해 드리고 싶다. 나는 생각한다. 거
사님은 나의 수호신인 것을. 이승에서 나에게 깨달음
을 얻게 하려고 자신을 희생하신 것이라고.

파랑새 창공을 날다

지은이   석암해광石庵海光

펴낸곳   도서출판 도반

펴낸날   2022년 6월 6일

펴낸이   김광호

교정   김용옥

편집   김광호, 이상미, 최명숙

대표전화   031-465-1285

이메일   dobanbooks@naver.com

홈페이지   http://dobanbooks.co.kr

주소   경기도 김포시 고촌읍 신곡리 1168번지